누구나 이유 없이 행복해질 수 있다

누구나 이유 없이 행복해질 수 있다

초판 1쇄 2022년 04월 15일
지은이 최유진 | **펴낸이** 송영화 | **펴낸곳** 굿위즈덤 | **총괄** 임종익
등록 제 2020-000123호 | **주소** 서울시 마포구 양화로 133 서교타워 711호
전화 02) 322-7803 | **팩스** 02) 6007-1845 | **이메일** gwbooks@hanmail.net

ISBN 979-11-92259-12-3 03190 | 값 15,000원

※ **굿위즈덤**은 당신의 상상이 현실이 되도록 돕습니다.

누구나 이유 없이 행복해질 수 있다

내 안에서 나만의 행복을 찾아가는 방법

최유진 지음

굿위즈덤

프롤로그

어느 날 아버지의 슬픈 울음소리를 들은 적이 있다. 대학생이었던 나에게는 조금 충격이었다. 아버지의 마음을 울렸던 것은 다름 아닌 노래였다. 홍진영 노래를 듣고 펑펑 우셨다.

"어떻게 지내셨나요. 오늘도 한잔 걸치셨네요. 뜻대로 되는 일 없어 한숨이 나도 슬퍼 마세요. 어느 구름 속에 비가 들었는지 누가 알아. 살다 보면 나에게도 좋은 날이 온답니다."

– 홍진영, 〈산다는 건〉

술을 드시고 오셔서 홍진영 노래를 들으며 우셨다. 그렇게 속상하게 우시던 모습을 아직도 잊을 수가 없었다. 내 기억 속에 아버지는 강한 존재였다. 우리 앞에서는 항상 멋있고 강한, 눈물은 한 번도 보인 적이 없는, 그런 아버지가 우셨다. 홍진영 노래는 아버지의 마음을 울렸던 것 같다.

그때 나는 행복에 대해 생각하게 되었다. 우리 앞에서 항상 웃으셨던 아버지의 울음이 나에겐 큰 물음표를 던져주었다.

과연 '행복'은 뭘까? 자식이 공부 잘하고 좋은 대학교에 들어가는 것이 부모님의 행복일까? 그렇다면 나는 이뤄드리지 못했다. 하지만 부모님의 기대를 저버리지 않기 위해 정말 치열하게 살았다. 2년 반의 재수 생활 동안 새벽같이 나가서 공부했다. 남들은 아직 잠에서 깨지 못한 이른 시간, 새벽 4시 반, 나의 하루는 그렇게 일찍 시작됐다.

그 시절 나는 어제의 나보다 더 나아지려고 노력했다. '어제의 나보다 1분 더 앉아 있기'가 목표였다. 나의 최대 강점은 엉덩이가 무겁다는 것이다. 그래서 앉아 있는 시간을 늘리긴 쉬웠다. 하지만 시간과 점수는 비례하지 않았다. 그렇게 재수와 삼수에 실패했다.

나는 20대 초반에 실패와 좌절을 겪었다. 그 속에서 나는 행복하지 않았다. 그래서 행복을 찾으려고 노력했다. 그렇게 나는 나의 30년 인생을 돌아봤다. 나는 실패와 좌절한 세상 사람들에게 행복을 주고 싶었다. 삶엔 찾아보면 행복한 일이 많다. 행복한 기억은 3개월이면 잊어버린다. 불행한 기억은 훨씬 오래간다. 심지어 기억에서 지워지지 않는 경험도 있다.

우리는 행복이 지워지지 않게 기록해야 한다. 책에서 기록하는 여러 가지 방법을 이야기하려고 노력했다. 자신의 행복 지도를 만들어도 좋다. 매일의 행복을 위해 감사일기로 하루를 시작해도 좋다. 남의 행복을 빌어주는 건 가장 쉬운 행복 찾기 방법이다. 자신의 앞에 있는 사람의 행복을 진심으로 빌어주면, 단 몇 초 안에 본인의 얼굴에 미소가 지어진다.

회사 다닐 때 나는 열심히 살아도 쳇바퀴 도는 삶 같았다. 그래서 나는 자기 계발을 열심히 했다. 적어도 이 삶에서 벗어나고 싶었다. 자기 계발을 하며 자격증을 따고 영어 점수를 얻어도 변함이 없었다. 나는 외부에서 나의 행복을 찾으려 노력했다. 내 안의 나를 돌보지 않았다. 그래서 무언가를 해도 항상 공허한 느낌이 남았다. 항상 비어 있는 무언가. 그 빈 곳을 밖에서 채우려고 했다. 그러나 아무리 해도 채워지지 않았다.

어느 날 나는 사진첩을 열어봤다. 사진 속의 나는 항상 웃고 있었다. 나는 언제나 웃고 있는 행복한 사진들이 많았다. 나는 그때 깨달았다. '내가 행복한 시절을 잊고 있진 않을까?'라고. 그렇게 나의 행복 찾기 여정은 시작이 되었다. 외부에서 찾으려는 노력이 아닌 내 안에 있는 행복을 찾으려고 노력했다. 행복은 알과 같다. 알이 외부의 힘으로 깨지면 생명이 끝난다. 하지만 스스로의 힘으로 알을 깨 나아가면 생명이 시작된다. 행복도 외부에서 찾으면 행복이 사라진다. 행복을 내부에서 찾으면 행복이 시작된다.

이 책은 내가 찾은 행복의 여러 가지 방법을 기록했다. 우리는 어릴 때부터 행복한 사람이었다. 가족에게 우리는 행복한 존재였다. 단지 우리가 모를 뿐이었다. 나는 나의 행복을 열심히 찾아다닌다. 그렇게 내 안에 있는 행복을 조금은 들여다볼 수 있었다.

이 책을 통해 독자들의 삶에 행복을 전했으면 좋겠다. 밖에서 찾는 행복이 아닌, 진정한 나를 돌보는 행복을 찾을 수 있었으면 좋겠다. 어제의 예뻤던 노을과 내일의 예쁜 노을만 생각하며 당장 오늘의 노을을 놓치지 않았으면 좋겠다.

목 차

2장 잊지 마, 넌 이미 행복한 사람이야

3장 너무 완벽해지려고 애쓰지 말기

4장 지금 당장 행복해지는 습관 8가지

5장 누구나 이유 없이 행복해질 수 있다

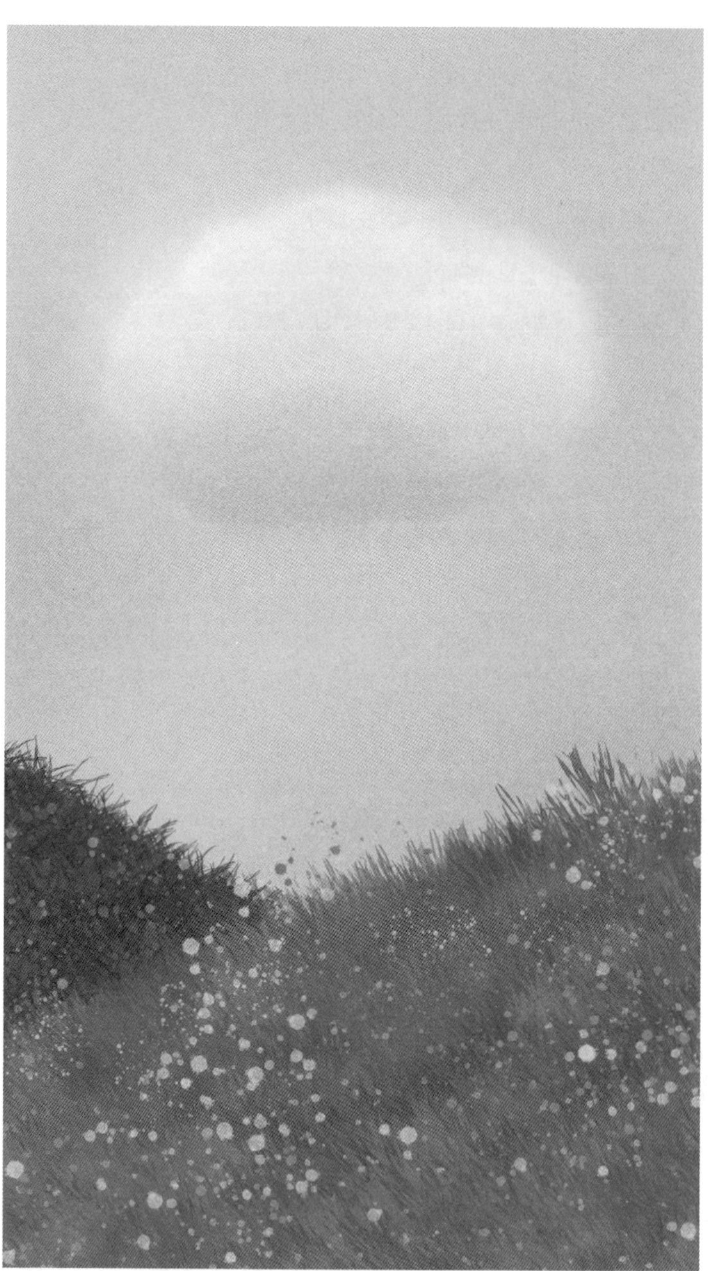

1장

내가 행복할 수밖에 없는 이유

01

내가 행복할 수밖에 없는 이유

"오늘도 나는 행복하다. 오늘도 나에게 행운이 온다."라는 글귀가 우리 집 안 곳곳에 붙어 있다. 어느 날 아버지께서 프린트해오셨다. 방문마다, 현관에, 옷장에 붙여주셨다. 매일 마음속으로 읽어보라고 하셨다. 나는 그때 왜 그런지 잘 몰랐다. 아버지께서 말씀하신 대로 아침마다 속으로 읽고 나갈 뿐이었다.

목표의 시각화라는 말을 들어봤는가? 목표를 시각화했을 때 계속 보면서 동기 부여를 받을 수 있다. 그리고 실제로 목표를 이룰 확률이 커진다고 한다. 물론 목표를 시각화만 해두면 안 된다. 목표를 이룰 수 있는 노력이 필요하다. 아버지께서는 우리에게 행복을 주셨다. 아침마다 시각화된 내용을 보라고 하셨다.

우리 가족은 아버지의 의도대로 아침마다 행복해졌다. 그리고 행운이 왔다. 동생도 나도 전문대를 우수한 성적으로 졸업했다. 그리고 취직도 할 수 있었다. 아버지께서 주신 가장 손쉬운 행복이었다.

나는 그날 이후로 목표를 시각화한다. 내가 이루고 싶은 것들을 하나씩 붙여놓는다. 대학교 다닐 때는 방에 '학점 4.0 이상 졸업'이라고 종이에 써서 붙였다. 공부가 되지 않는 날에는 그 문구를 보면서 마음을 다잡을 수 있었다. 학점을 맞추니 취업에 관한 생각을 못 했다. 이번에는 목표가 바뀌었다. '19년도 취업하기.'라고 붙여놓고 자기소개서를 쓰고 회사에 지원했다.

자기소개서가 50개가 넘어가고 나서는 솔직히 힘들었다. 아무리 시각화해도 안 되는 게 있는 것 같았다. 그래서 마음을 바꿨다. 자기소개서 100개 쓰기. 나의 목표가 취업이 아니고 자기소개서를 많이 쓰는 것이었다. 그때부터 자기소개서를 100개 채우자는 목표를 향해 회사에 지원했다. 회사에 맞게 자기소개서를 매번 고쳐 썼다.

70개쯤 지원했을 때 면접 소식이 한 곳씩 들려왔다. 첫 면접은 잘 보지 못했다. 다음 면접 일정이 계속해서 들려왔다. 이제는 여기서 나는 붙어야겠다고 생각했다. 자기소개서는 더 이상 쓰기 싫었다. 그래서 목표를 면접 붙기로 바꿨다. 학교에서 하는 면접 컨설팅을 들으며 준비했다.

마지막 면접이 남았다. 모두 다섯 곳에서 연락이 왔었다. 이번에도 떨어지면 다시 자기소개서를 써야 했다. 하지만 나는 할 수 있다는 마음을 가졌다. 떨어져도 아직 30개의 자기소개서를 더 쓰면 됐다. 마음을 비우고 본 결과 합격이었다. 면접 때 들었던 한마디가 아직도 기억에 남는다. "정말 열심히 사셨네요."라는 말을 들었다. 그땐 정말 울컥했다.

목표를 시각화하고 달성해나가면서 느꼈다. '눈에 보이면 더 쉽게 얻을 수 있구나. 얻기 위해서 더 노력하는구나.'라고. 나는 그 이후로 목표를 시각화해서 여기저기 붙여놓는다. 지금 나의 목표는 작가 되기이다. 여기저기에 붙였다. '작가 되기.'

뇌에서는 상상할 때 과거인지, 현재인지, 미래인지 구분을 못 한다고 한다. 미래의 일을 상상할 때 감정을 넣어서 상상하면 뇌는 현실로 받아들인다고 한다. 생생하게 그릴수록 상상이 현실이 될 확률이 높아진다고 한다.

나는 실제로 목표를 시각화하면서 느꼈다. 행복도 그렇게 쉽게 찾을 수 있다고 생각한다. 아직도 방마다 붙어 있는 문구를 나는 자취방에도 붙였다. 회사에 출근하면서 나는 아직도 속으로 외친다. '오늘도 나는 행복하다. 오늘도 나에게 행운이 온다.'라고.

물론 회사 가는 길이 행복할 순 없다. 행복하다고 말하면서 행복이 들어온다고 생각한다. 말이 씨가 된다고 하지 않았던가. 행복한 사람은 주변에 행복한 사람들밖에 없다. 그렇게 행복이 들어오는 것이다.

반대로 인생이 꼬인다고 생각하면 정말 그렇게 된다. 생각처럼 모든 게 바로 이루어지면 사회는 혼란스럽다. 그래서 인생에는 딜레이가 존재한다. 우리의 생각을 이뤄줄 딜레이. 그 딜레이 동안 아무것도 하지 않고 기다리면 이루어지지 않는다. 우리는 행동으로 보여줘야 한다. 얼마나 간절한지. 얼마나 원하고 있는지.

나는 고등학교 때 고등학교 선생님이랑 과학 캠프를 준비했다. 나는 고민이 많았다. 실제로 일어나지도 않을 일을 걱정했다. 선생님에게 물었다. "선생님, 만약 내일 과학 캠프 하는데 비가 오면 어쩌죠?", "내일 학생들이 많이 안 오면 어쩌죠?" 선생님은 나에게 말씀해주셨다. "왜 그런 쓸데없는 걱정을 하는지 모르겠네. 일어난 일만 걱정하면 조금 편할 것 같아." 나는 그때 충격이었다. '걱정을 안 하고 사는 사람도 있구나!'라고 깨달았다. 그 이후로는 마음이 조금 편했다. 나도 일어난 일들에 대해서만 걱정하고 준비했다.

실제로 비는 오지 않았고, 과학 캠프는 대성공이었다. 그렇게 사람들이 많이 올 줄 몰랐다. 하마터면 우리가 준비한 물품이 부족할 뻔했다. 우리가 준비한 물품을 다 썼다. 행복한 과학 캠프였다.

사람들은 살면서 일어나지 않을 일에 대해서 고민하고 걱정한다고 한다. 그중 실제로 일어날 확률은 7%라고 한다. 우리는 일어나지 않을 93%의 걱정들을 미리 한다. 그래서 삶이 복잡하고 불행하다. 실제로 일어난 일들만 앞으로 계획을 세워도 된다. 그러면 93%의 걱정을 예방한다. 다른 일에 에너지를 쏟을 수 있다.

고등학교를 지원했을 때 우리는 20지망까지 썼다. 무작위로 배정받는다. 1지망에서 배정받지 못하면 2지망, 3지망… 이런 식으로 간다. 내가 지원한 1지망 고등학교는 100명 정도 떨어질 예정이었다. 우리 반 결과가 나왔다. 우리 반에서 1지망에 두 명 떨어졌다고 했다. 1번부터 붙은 고등학교 이름을 불러줬다. 나는 거의 끝 번호였다. 뒤로 갈 때까지 떨어진 애들이 나오지 않았다. '설마 나겠어? 두 명인데?'라는 마음으로 들었다. 나와 내 친구가 떨어졌다.

친구들은 원하는 고등학교에 가고 나와 친구는 2지망으로 갔다. 나는 친한 친구들끼리 1지망에 붙은 친구들이 부러웠다. 나는 다른 고등학교에 붙었다. 고등학교에 입학했는데 친한 친구가 한 명도 없었다.

지금 와서 생각해보니 또 다른 기회였다. 나는 학교생활을 위해 새로운 친구들을 사귀어야 했다. 그렇게 동네 친구들이 아닌 다른 동네 친구들도 사귈 수 있었다. 고등학교를 가보니 인기가 없는 고등학교였다. 17~19지망에서 붙은 친구들도 많았다.

새로운 친구들을 사귀는 것이 재밌었다. 중학교는 완전 동네 친구였다. 새로 사귄 고등학교 친구들은 처음 사는 동네 친구들이었다. 친구들 덕분에 처음 가보는 동네에도 놀러 갈 수 있었다. 나는 새로운 친구들을 만나면서 행복했다. 그리고 고등학교 과학 선생님을 만나서 긍정적으로 변할 수도 있었다.

사람들은 본인이 행복하다고 생각하지 않는다. 실제로 행복하냐고 물어봤을 때 행복하다고 대답하는 사람들은 많지 않다. 아침에 일어나서 '행복하다.'라고 생각하며 시작한 간단한 일상이 행복을 불러온다.

이렇게 쉽게 행복을 얻는 방법이 어디 있을까? 처음엔 어색할지 모른다. 그리고 '설마'라는 생각이 든다. 그렇게 무의식 중에 계속 외치다 보면 정말 행복해진다. 나도 모르는 사이에 행복이 주변으로 온다.

내가 행복할 수밖에 없는 이유는 간단하다. 아침마다 행복을 외치기 때문이기도 하지만, 모든 일을 긍정적으로 보려고 해서이다. 그리고 나에게 행복을 주는 가족과 친구들이 있다. 나의 주변에는 나를 응원해주는 사람들이 많다. 그런 사람들과 함께 행복해지면 된다.

나를 응원하지 않는 사람들까지 챙기다 보면 신경 쓸 게 너무 많다. 우리는 우리의 행복에 이기적이어야 한다. 남이 우리의 행복을 지켜주지 않는다. 나 자신이 스스로 나의 행복을 지켜야 한다.

"오늘도 나는 행복하다. 오늘도 나에게 행운이 온다."

02

내가 행복하면 주변도 행복하다

나의 행복이 주변을 물들인 적이 있는가? 하품하면 주변 사람들도 하품하게 된다. 마찬가지로 사람들이 웃는 모습을 보면 웃게 된다. 웃음이 주변을 물들인다. 나의 소중한 사람들이 웃는 모습을 상상하기만 해도 미소가 지어진다.

나는 친구들과 필리핀 여행을 갔었다. 친구들 모두 물놀이를 좋아했다. 그래서 우리는 캐녀닝(Canyoning)이라는 스포츠를 하기로 했다. 캐녀닝이란 계곡(캐니언)에서 급류를 타고 내려가며 계곡의 모든 것을 몸으로 느낄 수 있는 신종 스포츠이다.

우리는 캐녀닝을 하기 위해 차를 타고 산꼭대기로 올라갔다. 그리고 안전사항에 대해 영어로 설명을 들었다. 영어가 너무 빨라서 뭐라고 한지도 모르겠다. 나는 그렇게 암묵적으로 동의하고 보호 장비를 착용했다. 헬멧과 구명조끼가 주어진다. 그것을 착용하고 또 한참을 걸어서 들어간다. 도착한 곳에서 계곡이 시작되었다. 산을 타서 너무 더웠는데 계곡에 들어서니 주변이 시원하게 느껴졌다. 물속에 빨리 빠지고 싶었다.

친구들 중 몇 명은 물을 무서워했다. 그래서 나는 "할 수 있어. 파이팅!!!"을 외치면서 계속 다녔다. 힘이 들 땐 함께 파이팅을 외쳤다. 산꼭대기 계곡에서부터 계속 아래로 내려오는 과정이었다. 가끔 절벽에서 뛰어내리거나, 물속에 빠져서 흐르는 물살에 몸을 맡긴 채 내려가기도 했다. 그리고 1~2시간을 걸어 내려와야 해서 힘든 과정이었다. 그래서 나는 계속해서 파이팅을 외쳤다. 그러자 주변 필리핀 직원분들도 같이 파이팅을 외쳐주었다. 내 옆을 지나가던 직원은 나만 보면 "파이팅!!"을 외쳤다. 그러자 주변 사람들 모두 웃음을 띠며, 힘을 내주었다.

캐녀닝에서는 다이빙이 몇 번 있었다. 높이가 매번 높아졌다. 3m, 5m, 10m, 15m 이런 식으로 3~5번 정도의 다이빙이 있다. 나는 높은 곳을 두려워했다. 3m나 5m 높이에서는 뛸 만했다. 하지만 10m에서 아래를 보는 순간 너무 무서웠다. 10m부터는 헬멧도 벗고 뛰어야 했다. 그래서 더 무서웠다. 3m와 5m 다이빙은 서 있는 그 자리에서 뛰어내렸다. 10m는 뒤에서 달려와야 뛸 수 있었다. 친구들이 뛰는 모습을 봐도 나는 못 뛸 것 같았다. 그때 필리핀 직원분이 "파이팅!!"을 외쳐주셨다. 나의 용기를 북돋워 주셨다. 무서웠지만 나는 헬멧을 벗었다. 친구들 모두 다이빙 영상을 남겼다. 나도 동영상을 남기고 싶었다. 그렇게 멀리서 달려와서 10m를 뛰었다. 내려가는 시간이 정말 길었다. '아직도 떨어진다고?'라는 생각이 들 때 쯤 물속에 들어갔다.

떨어지고 난 이후에는 짜릿했다. 내가 해냈다. 마지막 15m는 도전하지 않았다. 뛰러 가는 길조차 험했다. 나는 가는 길에 떨어질 것 같아서 무서웠다. 10m를 성공한 것만으로 나를 칭찬했다. 그리고 나는 또 친구들을 응원해주기 위해 파이팅을 외치고 있었다. 그러자 직원분이 와서 파이팅을 외치며 나를 데려가려 했다. 이건 진짜 못 하겠다고 말하고 도망갔다. 그렇게 마지막 15m 다이빙을 지나오니까 캐녀닝이 끝이 났다.

끝나고도 직원분들은 나를 볼 때마다 파이팅을 외쳐주셨다. 직원 분들이 여기서 일해볼 생각 없냐고 물어봤다. 나만큼 열정적으로 한 사람이 많이 없다고 했다. 그만큼 나도 재밌었고 주변에 에너지를 주려고 했다. 에너지를 주다 보니 주변 사람들도 다 재밌었나 보다.

친구들과 베트남으로 여행도 갔었다. 거기에서는 사막을 가려고 심야 버스를 탔다. 심야 버스는 누워서 잘 수 있게 되어 있었다. 버스 안에서 핸드폰을 하다가 잠이 들었다. 우리의 목적지에 도착해 정신없이 짐을 챙겨서 버스에서 내렸다.

내려보니 핸드폰이 사라졌다. 주변에 오토바이를 타고 계신 베트남분이 "핸드폰?"을 물으며 나를 태우고 버스를 따라갔다. 버스를 따라잡아 앉았던 자리 주변을 둘러봐도 핸드폰은 보이지 않았다. 아이폰이라 이미 다른 사람이 가져간 듯싶었다. 속상했다. 다시 오토바이를 타고 친구들에게 돌아왔다. 친구들은 나의 눈치를 살피기 시작했다. 그렇게 분위기는 가라앉았다.

새벽에 도착한 사막에는 아침 직원이 올 때까지 2~4시간 정도 기다려야 했다. 나는 가라앉은 분위기를 바꾸려고 농담을 건네며 이야기를 시작했다. 우리는 알아보지 않고 와서 베트남 사막의 새벽은 엄청 춥다는 것을 몰랐다. 침낭을 가져와서 자는 사람도 있었다. 우리는 문 닫은 가게 벤치에 앉아서 이야기를 나눴다. 엄청 재밌게 떠들다 보니 주변 분이 "제발 조용히 좀 해주세요."라고 구글 번역 앱으로 들려주셨다. 우리는 너무 죄송했다. 그렇게 조용히 직원이 오길 기다리며 지냈다.

조용해지자 다들 핸드폰을 하기 시작했다. 우리는 와이파이가 필요했다. 식당 와이파이는 비밀번호가 있었다. 친구 한 명이 "와이파이 비밀번호는 네이버에 검색하면 다 나와."라고 했다. 나는 설마 했다. 외국에 있는 식당 와이파이 비밀번호가 어떻게 네이버에 나오겠는가.

하지만 친구는 검색하더니 진짜 비밀번호를 찾았다. 먼저 여행을 갔다 온 사람의 블로그에 와이파이 비밀번호가 적혀 있었다. 비밀번호의 패턴은 마지막 숫자가 그해 연도였다. 우리는 그래서 마지막 숫자만 2018로 바꿨다. 정말 비밀번호가 풀렸다. 그렇게 친구들과 또 웃었더니 아침이 됐다.

사막에서 기념사진을 찍기 위해서 우리는 삿갓을 샀다. 시장에서 삿갓을 사면서 현지 분위기를 느낄 수 있었다. 말은 통하지 않지만 덤터기 쓰지 않도록 노력했다. 직원분들은 계산기로 두드려가며 우리에게 가격을 설명했다. 우리는 기념품이 아닌 사진을 위해 삿갓을 샀기 때문에 제일 저렴한 곳에서 샀다.

삿갓을 쓰고 사진을 찍고 추운 사막을 지나다 보니 해가 떴다. 해가 뜨니 금방 따뜻해져서 좋았다. 우리는 한 곳의 사막만이 아니라 2~3곳의 사막을 갔다. 가다 보니 옆에 바다가 있었다. 사막은 물이 없는 곳이라고 생각했는데 차를 타고 달리다 보니 바다가 보이는 게 이상했다. 나는 '모래를 가져다가 사막을 만들었나?'라는 생각을 했다.

사막을 모두 구경하고 사진을 찍고 우리는 다시 숙소로 돌아왔다. 밤새 버스를 타고 여기저기 구경을 한 탓에 우리는 녹초가 되어 종일 쉬었다. 핸드폰 잃어버린 것도 까먹고 있었다. 친구 핸드폰으로 어머니께 연락하고 베트남에서 또 열심히 놀다가 집으로 왔다.

친구들과 1년에 한 번은 해외여행을 가자고 약속했다. 그렇게 벌써 두 번의 해외여행을 갈 수 있었다. 지금은 다들 취업했지만 20년도에도 해외여행을 가려고 계획했다. 그러나 갑자기 시작된 코로나 사태. 그렇게 우리는 해외여행을 잠시 멈췄다.

친구들과 떠난 여행은 어딜 가나 즐거웠다. 사실 여행은 누구와 가도 즐겁다. 나 혼자 무작정 떠난 배낭여행도 즐거웠다. 혼자 여행을 하며 사색을 즐기고 경치도 구경할 수 있었다. 나 혼자 일정을 짜서 다니다 보니 내 마음대로 다녔다. 쉬고 싶을 땐 쉬고 걷고 싶을 땐 걸을 수 있었다. 그리고 게스트 하우스에서 사람들을 만났다. 처음엔 말도 잘 못 붙였다. 하지만 술을 마시며 긴장이 풀어지니 금세 친해졌다. 다음 날 여행도 같이 다니면서 더 친해졌다. 혼자 다니는 여행에서 새로운 사람을 만나는 것도 재미있다는 생각을 했다.

나는 사람을 웃기려는 개그 욕심이 크다. 그래서 다음 날부터 사람들을 웃기려고 했다. 주변 사람들이 나의 말에 웃으면 나는 행복했다. 사람들의 웃음소리가 그렇게 즐거울 수가 없었다. 마치 내가 개그맨이 된 기분이었다. 사람들을 즐겁게 해주면 내가 행복했다. 내가 행복하니 주변 사람들도 행복해졌다.

내가 불행하면 주변이 행복해 보여도 그 행복이 보이지 않는다. 그래서 나는 내가 먼저 행복해지기 위해 사람들을 웃겼다. 그러다 보니 나의 주변 사람들은 행복해졌다. 그리고 앞선 캐녀닝 여행에서는 내가 용기를 얻고 힘을 내고자 파이팅을 수시로 외쳤다. 마음속으로 외치는 것으로는 부족해서 입 밖으로 외쳤다. 그러다 보니 주변 사람들도 용기를 얻었다.

내가 힘을 내니 주변 사람들도 힘이 났다. 좋은 기운도 나쁜 기운도 사람들에게 금방 옮는다. 그래서 내가 행복해야 주변도 나를 따라 금방 행복해진다. 가끔 힘이 들거나 우울할 땐 파이팅을 외쳐보는 건 어떨까? 나와 친구들에게 용기를 주고 행복하게 해줬던 것처럼.

"오늘 하루도 고생했다. 파이팅!"

03

과거를 이긴 나, 행복의 주인이 된다

벼룩 이야기를 들은 적이 있다. 벼룩을 유리병 안에 넣고, 뚜껑을 덮어둔다. 그럼 벼룩은 유리병을 빠져나오기 위해 계속 점프한다. 그리고 끊임없이 유리병의 뚜껑에 머리를 부딪친다. 그러다 보면 자신도 모르게 병뚜껑에 머리를 부딪치지 않기 위해 높이를 조절해서 높이 점프하지 않는다. 그리고 유리병 뚜껑을 열어놓는다. 뚜껑이 없어진 유리병에 들어

있는 벼룩은 점프해서 밖으로 나갈 수 있다. 하지만 유리병을 벗어나지 못하고 안에서만 점프한다. 벼룩 스스로 자신의 한계를 정해버렸기 때문이다.

자신의 한계를 정해버리면 잠재력이 있어도 뛰어넘지 못한다. 벼룩의 이야기는 많은 교훈을 준다. 우리는 자신의 한계를 단정하면 안 된다. 우리 모두에게는 큰 잠재력이 있다. 그 한계를 뛰어넘는 순간 엄청난 성장이 이루어질 수 있다.

중학교 때 나와 매일 공부를 겨루던 친구가 있었다. 나는 4등, 친구는 5등이었다. 매번 시험을 보면 등수가 같았다. 나도 더 이상 위로 올라가지 못했다. 그 친구도 나를 이기지 못했다. 그렇게 중학교를 졸업했다. 같은 고등학교에 올라가자 상황이 달라졌다. 친구가 자퇴했다.

친구는 고등학교 2학년 때 담임 선생님과 상담을 했다. "선생님, 저는 의대에 가고 싶습니다." 하지만 선생님께서 보신 내신 성적으로는 어림도 없었다. "의대 진학은 어려울 것 같다."라고 말씀하셨다. 친구는 의지가 확고했다. "그러면 저는 고등학교를 계속 다닐 이유가 없습니다."라고 말했다. 선생님의 설득에도 친구는 의견을 굽히지 않았다.

그렇게 친구는 자퇴했다. 옆 반이었던 친구가 사라졌다. 자퇴하고 재수 학원에 들어갔다. 재수학원에 들어가서 수능 공부를 시작했다. 수능 공부를 하면서 검정고시도 준비했다. 검정고시에 합격하고 수능 공부를 계속했다.

나는 중학교 때 기억에 사로잡혀 있었다. 친구와 나는 열심히 해도 못 올라간다고 생각했다. 나는 그렇게 나의 한계를 그어버렸다. 하지만 친구는 수능 공부를 계속해서 치과대학에 합격했다. 치과 공부를 하다 보니 의대에 가고 싶어졌다고 했다.

그렇게 휴학을 하고 다시 공부하기 시작했다. 결국 친구는 장학금을 받고 의대에 가 의대생이 되었다. 친구도 과거의 성적에 자신의 한계를 그었다면 이루지 못했을 것이다. 과거에 얽매여 현재를 살지 못했을 것이다.

거기서 멈추지 않고 친구는 해외 유학에 눈을 떴다. 그렇게 해외 의대 진학 조건을 찾아보기 시작했다. 친구는 재수를 준비하던 나에게 해외 의대는 과목 수가 정해져 있다고 말해줬다. 재수가 아닌 해외 의대 공부를 해보는 게 어떠냐고 했다. 나는 수능도 제대로 못 하는 데 무슨 해외 공부냐며 포기했다. 지금은 친구와 같이 열심히 해볼 걸 하는 아쉬움도 남아 있다. 친구는 그렇게 1년을 준비했다. 시험을 치르고 해외 의대에 붙었다.

해외 의대를 간 후 소식은 끊어졌다. 친구는 과거의 자신의 한계를 뛰어넘었다. 그리고 자신이 원하던 의대에 진학해서 공부하고 있다. 해외 의대에 진학해서 멋진 꿈을 이루고 있을 것이다.

친구는 완벽하게 과거를 이겼다. 그런 친구를 보며 나도 대학에 들어가서 마음을 다잡았다. 나도 과거의 한계를 뛰어넘을 수 있다고 생각했다. 나의 수능 점수는 상위 30~40%에 들었다. 그 점수로 대학을 가게 되었다. 비슷한 성적의 사람들이 모여 있었다. 나는 여기서 꼭 상위 10%로 졸업한다는 목표를 세웠다.

그렇게 공부를 시작했다. 못하던 암기과목을 이겨내려고 수없이 노력했다. 그렇게 4.0의 학점을 이뤄낼 수 있었다. 대부분 과목을 이해하려고 노력했다. 이해가 안 되는 부분은 암기했다. 암기하자 나중에는 자연스럽게 이해되는 부분도 생겼다.

대학 졸업을 앞두고 나의 진로를 막는 걸림돌이 또 있었다. 바로 영어였다. 나는 영어를 정말 못했다. 12년의 학창 생활 동안 영어를 배웠는데 아직도 나의 취약점이다. 그래서 마지막 3학년 2학기에는 영어 공부를 열심히 하고자 두 과목을 신청했다. 두 과목 성적은 처참했다. 영어의 벽을 넘지 못했다. 하나는 C+, 하나는 B였다. 4.0의 목표 학점이 위험할 뻔했다.

학교에서 주관하는 토익 캠프를 신청했다. 2주 동안 대학교 연수원에서 생활하며 토익 공부만 할 수 있었다. 저녁에 수업이 끝나면 숙제를 했다. 숙제의 양은 누가 봐도 밤을 새우지 않으면 다하지 못할 분량이었다. 나는 그렇게 매일 새벽 2시까지 공부했다. 처음으로 이렇게 열정이 불탔다. 영어를 꼭 이기고 싶었다. 체력적으로 힘이 들었다. 수업이 끝나고 같은 방 친구들과 운동을 시작했다. 30분씩 운동하며 공부할 체력을 키웠다.

여전히 단어 암기는 나의 발목을 잡았다. 30분만 봐도 다 외워오는 사람들이 부러웠다. 나는 화장실을 가도, 빨래하러 가는 순간에도 단어장을 놓지 않았다. 남들보다 더 많은 시간을 단어에 쏟았다.

1주일 동안 기본적인 학습을 했다. 마지막 1주일은 기출 문제만 풀었다. 종일 기출 문제를 풀다 보니 지쳤다. 틀린 문제는 모두 숙제가 되었다. 나는 남들에 비해 숙제도 많아졌다. 여기서 포기할 수 없었다. 그렇게 매일 빠짐없이 숙제했다. 영어를 꼭 이기고 싶었다.

첫 모의 토익 점수는 처참했다. 250점이었다. 토익의 시험 스타일도 몰랐다. 어떤 듣기 문제는 한 지문으로 3개의 문제를 풀어야 했다. 그것도 모르고 1번 문제만 풀고 기다렸다. 그러다 보니 뒤로 다 틀렸다. 기출 문제를 연습하며 시험에 익숙해졌다. 마지막 기출 문제를 풀고 다음 날 시험을 봤다. 2주 동안 준비한 친구들과 함께 시험을 치렀다. 점수가 나오기까지 엄청나게 기다렸다. 나의 점수는 670점이었다. 두 배하고도 더 올랐다.

전문대생의 점수로는 괜찮았다. 나는 취업 준비를 하면서 영어로는 스트레스를 받지 않았다. 2주 동안 나는 과거의 한계를 완전히 뛰어넘었다. 그렇게 영어의 한계를 넘으니 행복했다. 내가 앞으로 못 넘을 벽이 없어 보였다.

과거에 못 한다고 포기한 일을 이겨냈을 때는 엄청난 자신감이 생긴다. 사람은 본인이 세워둔 벽을 넘었을 때 크게 성장한다. 그리고 앞으로도 더 많은 벽을 넘을 힘이 생긴다. 벽을 넘어보지 못한 사람들은 항상 좌절한다.

겁을 먹고 자신의 한계를 정해버리기도 한다. 스스로 정해놓은 한계는 이기기 어렵다. 많은 잠재력을 가진 사람들도 한계 앞에서 무너진다. 하지만 나 자신은 충분히 과거를 이길 수 있는 사람이다.

올림픽 선수들은 올림픽에 나가면 자기의 지난 최고 기록을 다시 세운다. 그렇게 매번 자신의 한계를 뛰어넘는다. 깨지지 않을 것 같은 올림픽 신기록도 깬다. 남들이 보기에 너무나도 높아 보였던 벽을 노력하여 무너뜨린다.

과거를 이기면 행복의 주인이 될 수 있다. 과거에 공부를 못했지만, 열심히 하여 의대에 진학한 친구는 지금 행복의 주인이 되었다. 나도 영어의 벽을 넘지 못할 것으로 생각했는데 벽을 넘었더니 취업에 성공했다. 그렇게 행복의 주인이 되었다.

사람은 본인의 벽을 넘을 때 크게 성장한다. 다음의 벽을 무너뜨릴 용기가 생긴다. 할 수 없었던 영어에 도전해서 이겼던 경험이 큰 자산이 되었다. 처음 외국에 나가서는 한마디도 제대로 하지 못했다. 학교에서 듣기는 열심히 배웠지만 말하기는 해본 적이 별로 없다. 그래서 말하기가 항상 무서웠다.

이제는 외국에 나가면 영어로 표현해보려고 노력한다. 나의 말하기 벽을 넘으려고 한다. 신체 언어와 함께 나의 의견을 표현하면 이제 내가 궁금한 답변을 들을 수 있었다.

그렇게 나는 오늘도 과거의 나를 이기려고 노력한다. 과거의 나를 이겼을 때의 행복은 다른 것에서 오는 행복과 차원이 다르다. 오늘도 어제의 나를 이기자. 그렇게 내가 생각했던 한계를 넘어가자. 우리는 모두 엄청난 잠재력을 가지고 있다.

04

행복을 뒤로 미루지 마라

"나는 매일 합격한다."라는 말을 들어본 적이 있는가? 이 말은 사법고시 합격자가 건네준 멘탈 관리 비법으로 인터넷에 돌아다닌다. 그 공시생은 처음 사법고시를 준비했을 때 너무 불안했다. 공부가 스트레스가 아니었다. 내가 이렇게 준비했는데, 될지 안 될지 모른다는 게 가장 큰 고민이면서, 그런 생각 탓에 몹시 힘들었다고 했다.

그래서 합격하는 방법을 분석했다. 3년 정도 공부하면 합격하는 사람이 생긴다는 걸 파악했다. 그때부터 3년 안에 합격한다는 꿈을 매일 꿨다고 한다. 그래도 불안함은 계속됐다. 그래서 3년이라는 목표가 많아 보였다. 그래서 나눠서 생각했다.

3년 동안 모두 익히면 합격이라는 가정을 세웠다. 큰 것을 3개로 나눴다. 1년 단위로 나누고 다시 12로 나눴다. 월 단위인 계획을 30으로 나눠 일 단위 계획을 세웠다. 그렇게 3년 동안 하면 합격할 수 있다고 생각했다. 그러면 1년을 제대로 하면 합격이다. 그리고 1달, 1일의 할 일을 다하면 합격이다.

그래서 그분은 매일 합격했다고 한다. 그래서 기분이 좋아졌다고 한다. 오늘 이걸 끝내면 합격이다. 매일매일 합격했기 때문에 기분이 좋아졌다. 지금 마음속에 무언가를 이루고 싶은 것이 있다면, 이뤄나가는 과정이 하루하루 행복한지 자기의 마음을 점검해봐야 한다.

그분은 결국 합격하셨다. 합격해서 3년 뒤의 행복을 보지 않았다. 매일 합격하셔서 매일 행복하셨다. 우리도 행복을 뒤로 미뤄서는 안 된다. 우리도 매일 합격할 수 있다. 우리도 매일 행복해야 한다.

나는 말을 바꿨다. "나는 매일 성공한다. 그래서 오늘도 행복하다."이다. 우리는 다이어트를 위해 오늘만 참는다고 생각한다. 모든 살을 뺀 이후만 행복하다고 생각한다. 그렇게 다이어트를 하는 매일이 고통이다. 하지만 생각을 바꾸면 쉽다. 우리는 오늘도 목표를 달성했다. 오늘도 성공했다. 그래서 오늘도 행복한 것이다.

우리도 원하는 목표를 나누고 일간 계획을 세워보자. 그렇게 일간 계획을 달성할 때마다 매일 성공했다고 외치자. 그리고 오늘도 성공해서 행복하다고 외치자. 그렇게 매일 행복해져 보자. 그러다 보면 어느 순간 목표를 달성했다. 그때는 더할 나위 없이 행복할 것이다. 목표를 달성하기 전부터 우리는 행복했다. 목표에 도달하면 역시나 행복할 것이다.

나는 매일 책 읽기의 목표가 있다. 책 읽는 게 습관이 되지 않았을 때는 책 읽기가 힘들었다. 책을 읽어야 한다는 마음에 하기 싫어졌다. 우리는 하려는 마음을 먹어도 누가 강제로 시키면 하기 싫어지는 마음이 크다. 내가 마음을 먹었지만, 나는 나에게 시키고 있었다. 그래서 점점 하기 싫어졌다.

하루에 한 장씩 읽고 성공하자고 했다. 하루에 한 장은 너무나 쉬웠다. 그렇게 나는 매일 성공했다. 성공이 쌓이니까 자신감이 붙었다. 그 뒤에는 하루에 한 소제목을 읽었다. 그렇게 또 성공해나갔다. 성공해나가니까 행복했다. 소제목 읽기가 익숙해지니 이제 책은 자연스럽게 읽을 수 있었다.

다음 목표는 평일 중 4일 운동하기였다. 운동은 정말 습관으로 만들기 힘들었다. 그리고 주말에 쉬고 오면 '4일만 하면 되니까 오늘 쉴까?'라고 생각하며 자기 합리화하기 시작한다. 나는 운동복을 챙겨서 출근하기 시작했다. 그리고 헬스장에 도착만 하고 집에 오자라고 생각했다. 그렇게 '헬스장에 도착'하기에 성공했다. 헬스장에 도착하니 자연스럽게 운동할 수 있었다. 운동도 오래 하지 않았다. 매일 30분 정도만 했다.

나의 목표는 매일 성공하는 것이었다. 그렇게 매일 성공하니 행복했다. 나는 매일 독서도 하고 운동도 할 수 있었다. 이런 성공을 맛보니 자신감이 생겼다.

나는 과거 재수를 했었다. 재수와 군대 전역 후 삼수도 했다. 그때는 목표를 이루는 방법을 알지 못했다. 매일 괴로웠다. 아마 방법을 알아 매일 성공했다면 나도 행복한 마음에 공부했을 것 같다. 매일 기나긴 터널 안을 헤매는 것 같았다. 앞은 보이지 않고 터널은 끝날 것 같지 않았다.

재수 때는 모든 행복을 뒤로 미뤘다. 친구들과 연락도 끊었다. 2G폰으로 바꾸면서 친구들과 자연스럽게 멀어졌다. 2G폰으로 하지 못하는 페이스북은 생각도 나지 않게 탈퇴했다. 그리고 좋아하던 게임도 하지 않았다. 그렇게 나는 1년 넘게 나의 행복을 미뤘다. 1년이 지나면 나는 모든 것을 할 수 있다고 생각하면서.

그렇게 매일 힘든 생활을 했다. 나는 행복하지 않았다. 매일 쳇바퀴 도는 것 같은 인생을 살았다. 심지어 혼자 공부하면서 더 외로웠다. 주변에는 공무원 준비하시는 분들이 많았다. 그분들을 보며 나도 의지를 다지긴 했다. '공부는 외롭게 하는 거야.'라고 생각하면서.

공부는 외롭게 하는 게 맞다. 하지만 매일 나의 행복을 찾지 못하면 결국 지친다. 목표가 없는 공부는 더 지치게 했다. 나는 외부에서 꾸준히 동기 부여를 받아야 했다. 인터넷 강의를 들으며 매일 동기 부여를 받았다. 동기 부여를 받지 않는 날은 마음이 흐트러지기 쉬웠다.

그렇게 나는 매일 행복해하는 데 실패했다. 결국 최종 시험도 행복하지 못했다. 시험을 보고 나서도 아쉬움이 많았다. 그렇게 모든 행복을 뒤로 미뤘는데 제대로 이루지 못한 기분이었다.

아프리카 사람들이 원숭이를 잡는 방법은 간단하다. 바구니에 원숭이가 좋아하는 바나나를 넣어둔다. 그 바구니의 입구는 원숭이의 손만 들어갈 정도로 작게 만든다. 원숭이가 바나나를 먹고 싶어 바구니에 손을 집어넣고, 손을 빼려는 순간 손이 나오지 않는다. 손에 잡은 바나나가 커서 바구니 밖으로 손을 뺄 수가 없다. 손에 붙잡은 바나나를 놓아줄 때 비로소 원숭이는 자유가 된다. 반면에 손에 붙잡은 바나나를 놓아주지 않으면 원숭이는 사로잡히게 된다.

원숭이는 당장 먹지 못하는 바나나를 잡고 있다가 결국 사람들에게 잡히고 만다. 우리도 미래의 행복을 잡으려고 지금 당장 행복을 놓치고 있진 않을까? 우리도 원숭이처럼 당장 이루지도 못하는 목표를 잡고 있는 건 아닐까?

직장인은 행복을 주말로 미뤄둔다. 5일을 일하고 2일 행복하다. 주말이 지나면 또 주말까지 기다려야 한다. 2일의 행복을 위해 5일을 희생하고 있다. 나도 주말을 위해 매일 희생하는 기분이다.

하지만 요즘에는 평일에도 성공하다 보니 행복해졌다. 주말을 기다리지 않는다. 평일에도 내가 하고 싶은 걸 한다. 그러다 보니 매일 아침이 설렌다. 매일 아침을 내가 통제하니까 종일 행복할 수 있었다.

주말을 기다리지 말고 평일에 소소한 성공할 거리를 찾아보자. 그렇게 매일 성공하면서 행복해보자. 매일 행복하다 보면 행복이 계속 다가온다.

우리는 오늘도 매일 성공하고 있다. 그래서 우리는 오늘도 행복하다. 우리는 더는 행복을 뒤로 미루지 않아도 된다. 어떤 목표를 세우든 우리는 매일 성공할 수 있기 때문이다. 요즘에도 나는 매일 성공한다. 이제는 책 쓰기를 하고 있다. 하루에 한 소제목씩 쓰기로 마음먹었다. 그렇게 나는 매일 소제목 한 개씩 쓰고 있다. 여전히 매일 성공해서 행복하다.

우리는 너무 먼 목표를 위해 오늘을 희생한다고 생각하지 말자. 너무 먼 목표를 위해 오늘도 성공했다고 하자. 그렇게 성공이 쌓이면 결국 목표를 이룰 것이다. 당신은 오늘도 성공했다. 그래서 오늘도 행복한 당신이다.

05

이토록 행복이 쉬워지는 순간

내가 고등학생이었을 때는 스마트폰이 없었다. 모든 공지 사항이나 급식 식단표는 프린트물로 받았다. 매월 첫날 모든 반에서는 형광펜으로 식단표의 맛있는 음식에 동그라미를 치기 바빴다. 그렇게 우리는 식단표에 동그라미를 치면서 행복한 날이 오길 기다렸다.

우리 고등학교는 야간자율학습(이하 야자)을 했다. 강제로 9시까지 남아서 공부해야 했다. 고등학교에 입학하자마자 야자가 시작되었다. 익숙하지 않은 채로 매일 9시까지 남아서 공부하는 것은 모두에게 고통스러운 일이었다. 그 혼란 속에서 나는 첫 중간고사를 치렀다. 처음으로 시험 보는 날이 행복하다고 느꼈다. 야자가 없으니까! 시험은 3일에 걸쳐서 치러졌다. 3일간의 행복은 달콤했다.

그렇게 5월이 되었다. 야자는 저녁을 먹고 6시부터 시작되었다. 학교 뒤에서는 수영장 공사가 한창이었다. 내일까지 마무리해야 한다며 저녁까지 공사가 이어질 예정이었다. 수업을 마친 후 종례 시간에 담임 선생님께서 오늘은 야자가 없다고 하셨다. 갑자기 복도 끝 반의 학생이 "대한독립 만세!!"를 외치면서 복도로 뛰어나왔다. 선생님과 친구들 모두 배꼽을 잡았다. 학생들에게 야자가 없는 행복한 순간이 찾아온 것이다.

고등학교 내내 행복해하는 친구가 있었다. 친구는 소녀시대(이하 소시)만 보고 있으면 행복하다고 했다. 항상 소시 영상을 보며 웃고 있었다. 친구는 학교 사진을 찍을 때도 소시 문구가 적힌 수건을 가져왔다. 친구는 장래 희망도 바꿨다. 소시 매니저가 되고 싶다며 대학교 진학 학과도 바꿨다.

시험 전날 소시 콘서트가 열렸다. 친구는 거기에 참석하기 위해 전날 공부를 다 해놓았다고 했다. 나는 속으로 '공부에 끝이 어디 있어?'라고 생각했다. 다음 날 시험을 보고 채점했더니 친구의 점수가 100점이었다. 역시 반 1등은 달랐다. 정말 공부를 다 했구나. 친구는 본인의 행복한 덕질을 위해 전력을 다했던 것이다. 나는 친구를 보며 생각했다. '행복을 얻으려면 최선을 다해야 하는 것이구나.'라고.

직장인들에겐 무엇이 행복일까? 요즘 직장을 다니면서 드는 생각이다. 직장인도 학생들과 같다. 직장인들에게 휴일은 너 나 할 것 없이 행복한 시간이다. 출근할 땐 아침에 일어나는 게 그렇게 힘들다. 하지만 휴일 아침에는 설레며 눈을 뜨게 된다. 직장인 모두에게 휴일은 행복한 순간이다.

나는 직장인 친구에게 "너는 언제 가장 행복해?"라고 물어봤다. 친구는 "퇴근하고 집에 가면서 배달의 민족으로 음식을 시킬 때."라고 대답했다. 그 친구는 행복이 쉽게 얻어진다는 걸 알고 있다.

대학교 기숙사에서 처음 만난 친구가 있다. 친구는 나에게 운동 방법을 알려주었다. 매일 나를 끌고 다니면서. 하지만 나는 운동과 친하지 않아서 주말만 기다렸다. 평상시에도 땀을 많이 흘리는 친구는 운동하는 순간이 행복하다고 했다. 왜냐하면, 운동할 땐 마음껏 땀을 흘려도 눈치가 보이지 않기 때문이라고 했다.

회사에 입사하면서 그 친구와 더는 같이 지내지 못했다. 그렇게 나는 운동과 점점 멀어지고 있었다. 그러다 우리 회사에 채용 공고가 떠 친구에게 연락했다. 친구는 열심히 준비해서 입사 시험에 붙었다. 친구는 기숙사를 배정받았다. 친구와 나는 같은 기숙사에서 살게 되었다. 나는 다시 친구와 운동을 시작했다. 그렇게 나는 점점 운동에 흥미를 느끼고 있었다.

나는 평일에는 다이어트를 한다. 하지만 주말은 치팅데이다. 치팅데이란 식단 조절 중 부족했던 탄수화물을 보충하기 위해 1~2주에 한 번, 먹고 싶었던 음식을 먹는 날이다. 나는 요즘 주말을 손꼽아 기다린다.

어느 날 유튜브를 보다가 진정한 치팅데이의 의미를 깨달았다. 헬스 트레이너들은 우리가 치팅데이를 잘못 알고 있다고 했다. 탄수화물만 마음껏 먹는 날로 안다는 것이다. 하지만 진정한 뜻은 따로 있었다. 바로 감자, 고구마와 같은 다이어트 식품을 통해 건강한 탄수화물을 마음껏 섭취하는 날이라는 것이었다. 그런데도 나는 먹고 싶은 걸 다 먹는다. 내가 바라는 것은 행복이기 때문이다. 피트니스 대회의 입상을 원하는 것이 아니기 때문이다.

친구는 회식만 하고 오면 힘들다고 했다. 주에 2~3회 회식을 하는 부서였다. 친구가 술을 좋아해서 회식을 좋아할 줄 알았다. 물론 술보다는 운동을 더 좋아하지만. 회식이 힘든 것도 회식하느라 운동을 못 하는 날이 많아서라고 했다. 그 친구는 술만 먹고 오면 내 방에 들어와서 한탄을 늘어놓았다. "왜 운동할 시간을 주지 않냐고!" 하면서. 그 친구에게 회식은 행복을 앗아가는 행사에 불과했던 것이다. 생각해보면 세상을 다 잃은 기분이었을 것 같다.

친구는 1~2달 동안 우울한 표정으로 생활했다. 물론, 회사에서는 밝은 친구였다. 그러다 갑자기 친구의 얼굴이 밝아졌다. 무슨 마음을 먹어서인지 궁금했다. 친구는 퇴사하기로 마음먹고 절차를 밟고 있다고 했다. 나에게는 엄청난 충격이었다. 하지만 그 친구의 표정을 보니 이해가 되었다. 퇴사하기로 마음먹은 사람의 얼굴을 본 적이 있는가? 부처상이 따로 없다. 어떤 상황도 다 이해할 것 같다는 표정이었다. 친구는 자신의 행복을 위해 그렇게 퇴사했다.

나에게 그 친구는 천사와 같았다. 운동을 알려주기 위해 잠시 내 곁에 온 천사였다. 나는 그 친구 덕분에 3년째 꾸준히 운동하고 있다. 친구가 알려준 운동 방법으로. 이젠 헬스장에 처음 오시는 분들이 나에게 이것저것 물어보기도 한다. 그러면 나는 그 친구에게 배운 대로 내가 아는 선에서 최선을 다해 알려준다. 나는 내가 배운 것을 사람들에게 가르쳐줄 때가 행복하다.

대학생 때 나는 강의를 열심히 들었다. 강의가 끝나면 나와 같이 다니던 친구들 7명이 내 곁에 모였다. 내가 수업시간에 요약한 것으로 친구들과 나는 같이 시험공부도 했다. 대학 시절, 나는 그 순간이 가장 행복했었다. 하지만 나는 암기과목을 잘하지 못했다. 같이 다니던 친구 중 머리가 좋은 친구가 있었다. 그 친구는 내가 알려준 과목들을 나와 같이 잘 봤다. 더불어 암기과목도 잘 봤다. 당연히 나보다 학점이 높게 나왔다. 행복은 성적순이었다.

나는 전역하고 늦게 전문대학에 입학했다. 1학년을 마치고 나니 친구들 대부분이 군대에 갔다. 그래서 나는 혼자 대학에 다녔다. 2학년 때 혼자가 되니 누군가를 또 가르치고 싶었다. 1학년 성적이 좋아서 멘토를 신청할 수 있었다. 나는 장학금보다는 후배들을 가르칠 생각에 설레었다.

전문대학은 전공 수업 시간표가 정해져서 나온다. 나는 내가 맡은 과목을 그 전해에 공부했던 대로 열심히 알려주었다. 그리고 다른 과목들도 궁금해하는 것이 있으면 알려주었다. 그렇게 후배들은 나의 가르침과 스스로의 학습을 통해 학점을 4점대 이상으로 만들 수 있었다.

후배들은 나를 보고 전공 동아리에 들어오고 싶어 했다. 동아리는 보통 4~6명 정도의 학생으로 구성되었다. 그런데 그해 우리 전공 동아리는 최대의 지원자, 20명이 신청했다. 교수님과 상의한 후 20명을 모두 받아서 과제를 내주기로 했다. 전공 동아리는 열정이 바탕이 된다. 그런 만큼 과제를 해오지 않은 사람들은 모두 돌려보냈다. 그러고 나니 동아리원이 8명이 되었다.

행복한 순간을 따라다니다 보니 내 주위에 사람들이 모였다. 그들을 상대로 또 먼저 배운 전공 과목 내용을 알려주었다. 그러다 졸업 시기가 다가왔다. 나는 자격증을 따기 위해 열심히 공부했다. 자격증 공부를 하면서 목표가 같은 사람들과 함께하게 되었다. 우리는 매주 서로 공부한 것을 알려줬다. 나는 또 열심히 공부하며 모임에 갔다. 교수님께서 보시더니 자격증 동아리를 만들어보라고 하셨다. 그렇게 나는 자격증 스터디 동아리도 만들었다. 행복한 순간을 좇다 보니 즐겁게 대학 생활을 하게 된 것이다.

내가 행복을 느낄 때는 저녁에 맛있는 음식을 먹고 맥주를 마실 때, 친구들과 수다 떨 때, 월급 들어올 때, 여행 갈 때 등 다양하다. 그렇게 행복은 가까이에 있다고 믿는다. 누구는 과거의 행복만 기억하고, 누구는 미래의 행복만 좇는다. 이 순간의 행복을 보지 않는다. 어제의 예뻤던 노을과 내일의 예쁜 노을만 생각하며 당장 오늘의 노을을 보지 않는다.

행복에도 끌어당김의 법칙이 적용된다. 작은 행복을 찾다 보면 계속 행복이 더불어 온다. 행복이 행복을 부르는 것이다. 나는 작은 것에 행복을 느낀다. '사물을 볼 수 있어서 행복하다.', '소리를 들을 수 있어서 행복하다.' 이렇게 작은 것들에 행복을 느끼다 보면 매일매일 다른 행복이 더불어 오는 것이다.

사람들은 행복이 멀리 있다고 생각한다. '1억이 있으면 행복할 거야.', '내가 미인이라면 얼마나 행복할까?', '잘사는 사람과 결혼하면 얼마나 행복할까?' 되뇌면서. 하지만 행복한 순간은 가까이에 있다. 운동하는 매일의 순간이나, 집에 돌아가며 배달의 민족으로 음식을 시키는 순간이나, 회사에서 칭찬을 받았을 때나, 내가 낸 아이디어가 그대로 실행된 순간 같은 때 말이다. 이렇게 주변에서 행복한 순간을 찾아보면 어떨까?

06

바로 지금 행복이 시작된다

대학교 3학년 2학기에는 14명의 강사가 학교에 왔다. 매주 다른 강사가 본인의 경험이나 회사 이야기를 해줬다. 우리는 그것을 듣고 요약하고 자기의 생각을 적어 내는 게 매주 과제였다. 어느 날 우리 또래의 사람이 강사로 왔다. 우리 학교를 먼저 졸업한 선배였다. 취업도 괜찮은 곳에 했다. 그래서 본인의 취업 분야에 관해 설명하러 왔다.

강사는 잘 듣고 호응을 잘해준 친구들에게 선물을 준비했다고 했다. 선물을 받으면 아마 1주일 동안 설레며 잠들 것이라고 했다. 나는 '어떤 선물이기에 1주일이나 설렐까?' 궁금했다. 아마 눈치챘을 수도 있다. 선물은 '로또 용지'였다. 받는 순간 토요일 저녁까지 '혹시 당첨되지 않을까?' 하며 설렐 것이다.

너무나 쉽게 토요일까지 설레는 마음을 가질 수 있었다. 대부분 사람은 로또를 사며 생각한다. '내가 1등이 되면 차를 사고, 집도 사고, 부모님 빚도 갚아드려야지.'라고. 그러면서 1주일을 설레면서 보낸다. 친구들과 같이 로또 사게 되면 당당히 말한다. "내가 1등 되면 너희들 천만 원씩 줄게.", "내가 1등 되면 너 차 사준다!"라면서. 토요일에 로또 당첨 공이 올라오면서 설렘이 깨진다. '이번에도 꽝이네.'

우리는 로또 한 장을 사면서 1주일이 설레었다. 바로 설레는 마음을 살 수 있었다. 아침에 일어나서 하는 행동으로 행복이 시작될 수 있다. 사람들은 회사에 출근해서 남들과 인사한다. "안녕하세요!", "오늘도 힘차게 보내세요!", "수고하세요!"

본인에게 저 말들을 해본 적이 있는가? 나는 매일 아침에 일어나서 양치질과 세수를 하고 거울을 본다. 거울에 비친 나에게 인사한다. "안녕!

오늘도 파이팅이다!" 그렇게 아침을 활기차게 시작할 수 있다. 매일 아침에 만나는 나에게 인사하며 행복을 준다.

저녁에 세수하고는 거울을 보며 말한다. "오늘도 고생했어. 힘든 하루 오늘도 성공했어!" 이렇게 말하고 나면 속이 편했다. 나에게 칭찬하면서 나는 행복해졌다. 어렵지 않은 방법이었다. 아침저녁으로 나에게 말을 걸었다. 나를 위로하고 다독였다. 그렇게 매일 행복이 시작됐다. 행복으로 끝이 났다.

누가 본다면 나를 미쳤다고 생각할 수도 있다. 누가 본다 해도 나는 아침과 저녁에 나와 이야기할 것이다. 좋은 시작과 마무리는 나에게 많은 행복을 가져다주었다. 부끄럽지 않은 일이다.

저녁을 좋은 자세로 마무리해야 일어날 때 행복하다. 마치 여행 가기 전날, 소풍 가는 전날에는 설레는 마음으로 행복한 상상을 하며 자는 것과 같다. 그럼 다음 날 아침에 눈도 번쩍 떠진다. 행복한 마음으로 잠이 들었기 때문이다. 이러한 경험이 있다면 행복하거나 위로하는 마음으로 저녁을 마무리해야 한다.

작가 헤밍웨이는 글이 가장 잘 써져나간다고 느껴지는 문단의 중간 부분에서 하루의 작업을 끝냈다. 다음번에도 그 좋은 흐름을 계속 이어가기 위해서다. 헤밍웨이도 좋은 자세로 마무리를 한다. 그 다음번에도 좋은 자세로 시작할 수 있기 때문이다.

항상 우리는 시작과 끝이 중요하다. 시작을 행복하게 한다면 하루는 행복이 다가온다. 오늘 하루 불행한 생각을 하며 시작하면 어김없이 불행은 다가온다. 내가 아침을 시작하는 생각들을 끌어당기는 결과이다.

또한, 저녁을 행복하게 마무리한다면 다음 날에도 행복함이 이어진다. 자면서도 뇌는 계속 행복한 생각을 한다. 그렇게 다음 날 아침에도 행복한 마음으로 시작할 준비가 된다. 성공한 많은 사람도 저녁을 좋은 자세로 마무리했다. 우리도 아침과 저녁을 좋은 자세로 마무리하면 목표에 성공적으로 다가갈 수 있다.

아침에 기분 좋게 일어나는 방법이 하나 있다. 아침에 내가 제일 좋아하는 음식으로 하루를 시작하면 된다. 나는 아침에 내가 가장 좋아하는 커피로 시작한다. 가끔은 따뜻한 차로 시작한다. 물론, 가장 좋아하는 음식이 치킨이나 피자일 수도 있다. 그런 음식으로 아침을 시작하는 건 어려울 수도 있다. 그래서 간단한 음식으로 아침을 시작하면 좋다.

내가 좋아하는 초콜릿으로 시작할 수도 있다. 아침마다 초콜릿을 선물해주는 것이다. 사람들은 영양제를 아침저녁으로 챙겨 먹는다. 아침저녁으로 내가 좋아하는 간식을 챙겨 먹어도 된다. 너무 많이만 먹지 않는다면.

나는 살찌는 게 항상 무서웠다. 나는 달리기를 좋아하는데 살이 찌면 몸이 무거워지는 게 느껴졌기 때문이다. 달리기를 하면서도 무릎이 아팠다. 그래서 먹고 싶은 음식을 참았다. 참는 일상은 행복하지 않았다.

저녁에 맛있는 음식을 시키고 맛만 보는 정도로 지냈다. 그리고 그 음식을 아침에 먹었다. 아침에 먹으니 살이 저녁만큼 찌지 않았다. 심지어 아침을 기다리면서 잠을 잤다. 그러다 보니 아침에 먹고 싶었던 걸 먹을 생각에 설레서 눈이 떠졌다. 맛만 보다가 한 끼가 다 사라지는 사람에게는 추천하지 않는 방식이다. 그럼 저녁에 살도 찌고 스트레스도 받는다. 우리는 아침과 저녁에 행복해지기 위해 선택하는 방식이기 때문이다.

아침에 내가 좋아하는 일을 하면서 행복해진다. 30분 일찍 일어나 취미를 시작해도 좋다. 취미 생활을 하며 즐거운 하루를 보낼 수 있다. 출근 때문에 일어나는 게 아닌 내가 좋아하는 취미로 일어나는 아침은 다르다. 30분 정도는 피곤하지 않다.

나는 예전에 새벽 기상을 잘하지 못했다. 아침에 4시 반에 일어나는 건 고통이었다. 내가 해야 할게 없고 재밌는 게 없었기 때문이다. 나는 아침에 일어나서 공부했다. 그래서 더 재미가 없었던 것 같다.

습관을 들이기 위해 아침에 재미있는 일로 시작했다. 나는 새벽에 일어나서 게임을 했다. 그렇게 아침 기상 습관을 들일 수 있었다. 저녁에 게임을 하다가도 내일을 위해 자야 한다는 압박이 있었다. 하지만 아침에 일찍 일어나서 하는 게임은 압박이 많지 않았다. 행복한 마음으로 시작되는 아침은 또 즐거웠다. 그렇게 나는 새벽 기상을 습관처럼 할 수 있었다.

주변 친구들에게도 추천했다. 아침에 일어나서 가장 좋아하는 일로 시작하면 행복하다고. 나는 그게 게임이었다. 친구들은 놀랐다. 아침에 게임 때문에 일찍 일어나는 사람이 있다면서.

새벽 기상이 습관이 되고 나서는 취미를 바꿨다. 나중에는 게임보다 더 재미있는 취미가 생겼기 때문이다. 아침에 일어나서 맛있는 음식을 먹었다. 그리고 독서를 했다. 그렇게 행복하게 아침을 시작할 수 있었다. 습관을 들이면 아침에 일어나는 건 어렵지 않다. 그러다 더 재미있는 일이 생기면 그걸 하면 된다. 아침에 일찍 일어나다 보면 24시간을 2배로 쓰는 느낌이다. 남들이 자고 있을 시간에 내가 좋아하는 일을 한다. 그렇게 나의 하루는 남들보다 더 길다. 생산적인 일을 하기도 한다. 맑은 정신으로 하는 생산적인 일은 능률도 높아 오후에 할 때보다 순식간에 해낸다.

간단한 마음으로 행복이 시작될 수 있다. 행복하게 아침을 맞이하고, 저녁을 마무리하는 것으로 우리의 행복이 시작된다. 오늘도 고생했을 나에게 칭찬과 위로를 주자. 오늘도 힘차게 보낼 나에게 인사하고 힘을 주자. 우리는 로또 한 장으로 설레는 1주 일이 될 수 있는 것처럼, 아침과 저녁을 잘 보내는 것만으로 행복이 시작될 수 있다.

07

그래도 가족이 행복이다

내가 어릴 때 유치원에서 졸업 전에 학예회를 했다. 학예회 1부에서 부채춤을 췄다. 그리고 2부에서는 공을 갖고 춤을 췄다. 아직도 예전 사진을 보면 어떻게 부채춤을 췄나 싶다. 유치원에서 배우고 매일 집에 와서 부모님께 자랑했던 기억이 있다. 부모님은 잘한다고 매번 칭찬해주셨다.

학예회가 끝나고 집에 왔다. 어머니는 내가 찼던 공을 들고 오셨다. 공을 차는 과정에서 내 공이 다른 분께 갔다. 어머니는 그분께 가서 우리 아들이 공을 찼다고 하면서 혹시 받을 수 있냐고 해서 받아왔다고 하셨다. 그 공을 보면 기뻐셨던 것 같다. 나도 뿌듯했다. 그렇게 이사 가기 전까지 바람 빠진 공은 우리와 함께했다.

우리 어머니는 아들을 너무 좋아했다. 그걸 느끼는 나는 항상 행복했다. 언제나 돌아서면 어머니가 나를 믿고 바라봐주셨다. 또한, 내게는 항상 나를 응원해주는 가족이 있었다. 이렇게 어딜 가나 응원해주는 가족이 있다는 건 큰 행복이다.

초등학생 때는 학기마다 시를 외워서 암송하는 대회가 있었다. 나는 외우기를 잘하지 못한다. 어머니께서 시 외우는 걸 도와주셔서 열심히 했다. 그렇게 나가서 매 학기 상을 탔다. 상을 타는 나는 행복했다. 상을 받아서 돌아오면 어머니는 그 모습을 보고 또 행복해하셨다. 어머니의 도움과 믿음으로 나는 나의 약점을 극복했다.

어릴 때 크게 아팠던 적이 두 번 있다. 한 번은 열이 엄청 많이 났었다. 어머니는 잠을 자지도 않고 내가 뒤척일 때마다 수건에 물을 적셔 내 옆을 지켜주셨다. 그 기억이 아직도 있다. 밤마다 옆을 지켜주신 어머니 덕분에 2일이 지나자 열이 다 내렸다. 열이 다 내리고 일어난 아침에 어머니께서 "잘 잤어? 몸은 좀 어때?"라고 하셨다. 나는 말끔히 다 나아서 괜찮아졌다고 하면서 열심히 뛰어놀았다.

어머니가 물수건을 해준 기억은 아직도 선명하다. 그날 얼마나 아팠는지는 기억이 나지 않는다. 어머니가 내 옆에서 계속 나를 지켜줬던 그 기억은 아직도 남아 있다. 언제나 내 옆에서 든든하게 지켜줄 존재가 있다는 것은 큰 행복이다.

초등학교 3학년 때는 독감에 걸렸다. 3일 동안 먹을 수 있는 게 아무것도 없었다. 먹는 건 다 토했다. 물도 못 먹었지만, 유일하게 포카리스웨트는 먹을 수 있었다. 3일 동안 학교도 못 가고 병원을 가서 링거를 매일 맞고 왔다. 어머니께서 나를 업고 왔다 갔다 해주셨다. 3일 동안 너무 힘들어 누워만 있었다. 3일이 지나고 나선 조금씩 나아졌다. 밥도 먹을 수 있었다. 어머니의 보살핌 덕분에 금방 나을 수 있었던 것 같다. 내가 아프거나 동생이 아프면 항상 옆을 지켜주시던 어머니였다. 본인이 아프셔도 우리를 먼저 돌봐주셨다. 우리는 그렇게 사랑을 먹고 자랐다.

나는 20세에 재수를 했었다. 유명한 인터넷 강사 선생님의 강의를 현장에서 듣기 위해 노량진으로 갔다. 300명이 앉을 수 있는 큰 강의실에서 수업을 했다. 9시에 수업을 시작하기 때문에 8시에 도착했다. 이미 자리가 많이 차 있었다. 나는 조금 더 앞자리가 욕심났다. 그래서 아침 첫차를 타고 학원에 가기 시작했다. 첫차를 타기 위해 새벽 4시 반에 집에서 나왔다.

수업이 12시에 끝났기에 아침을 먹지 않으면 12시까지 아무것도 먹지 못했다. 그런 나를 알고 어머니는 새벽 4시에 일어나셔서 아침을 준비해 주셨다. 나는 4시 반에 나와 5시 조금 넘어서 오는 1호선 첫차를 타고 매일 학원에 갔다. 어머니가 매일 차려주신 아침 덕분에 나는 점심까지 힘을 내서 공부할 수 있었다. 어머니의 노력 덕분인지 점심까지 졸리지도 않고 공부도 더 잘할 수 있었다.

추석이 지나자 재수생이 더 많아졌다. 새벽 첫차로는 앞자리에 앉을 수 없었다. 아버지께서 아침에 태워다 주신다고 하셨다. 우리는 새벽 4시 반에 출발했다. 아버지 차를 타고 와서 더 빨리 도착했다. 그렇게 나는 앞자리에서 공부할 수 있었다. 부모님과 같이 노량진으로 가는 차 안에서 나는 행복했다. 새벽에 달리는 차 안은 너무 따뜻했다. 부모님과 같이 향하는 노량진은 너무 설레었다. 나는 공부하러 가는 길이었지만 힘들지 않았다.

그렇게 열심히 1년을 보냈다. 그러나 재수에 실패했다. 핑계지만, 고등학교 3년 동안 놀고 1년 만에 따라잡을 순 없었다. 부모님의 기대에 못 미쳐서 너무나 속상했다. 1주일을 방 안에만 틀어박혀 있었던 것 같다.

내가 너무 안쓰러웠는지 친구들을 만나고 오라고 용돈을 주셨다. 나는 부산에 내려갔다. 바다를 보며 하루 종일 걸었다. 부모님께 죄송한 마음이 너무 컸다. 그날 부모님과 동생에게 문자가 왔다. 열심히 했으면 된 거라고 하셨다. 앞으로 많은 날이 남아 있다고 위로해주셨다. 부산에서 3일 정도 지내면서 많은 생각을 하고 돌아왔다. 나는 그렇게 다시 공부를 결심했다. 그전에 군대라는 큰 산을 먼저 넘기로 했다. 과묵하셨던 아버지에게 가는 길은 너무나 무서웠다. 아버지께 가서 먼저 군대부터 다녀오겠다고 했다.

그렇게 군에 입대할 결심을 하고 2주 만에 군대에 갔다. 군대에서 아버지께 처음으로 손 편지를 받았다. 훈련병 때 받은 편지여서 그런지 더 기억에 남았다. 나를 응원해주는 아버지가 옆에 계셨다. 컴퓨터를 잘할 줄 모르시는 어머니는 동생에게 배워 매일 인터넷 편지를 보내주셨다. 빨간 날이 많은 12월에 입대해서 훈련 기간이 6주가 되었다. 6주 동안 어머니께서 매일 보내주신 편지 덕분에 어려운 훈련병 생활을 이겨낼 수 있었다.

여자 친구가 없는 훈련병 중에 매일 편지가 오는 훈련병은 몇 명 없었다. 하지만 나는 여자 친구가 없었지만 매일 편지를 받아볼 수 있었다. 그때의 기분은 엄청 좋았다. 훈련이 끝나고 돌아오면 편지를 나눠주는 순간은 설레었다. 매일 읽으며 힘을 내고 행복하게 잠을 잤다.

자대 배치를 받고 나선 군대에서 공부하려고 마음을 먹었다. 군대 2년을 그냥 보낼 순 없었다. 매일 저녁에 연등(저녁 22시부터 24시까지 공부할 수 있는 제도)을 신청해서 공부했다. 힘든 날도 많았지만 힘든 날에는 부모님과 통화하면서 힘을 얻었다.

어느 날 어머니께서는 친구들을 만나고 오셨다. 집에 오셔서 나에게 "남자애들은 군대에 있을 때만 통화를 제일 많이 한다더라."라고 하셨다. 나도 그랬다. 그 이후로는 어머니께 자주 전화를 한다. 항상 나의 전화를 받고 나면 행복하신 게 목소리부터 티가 났다.

퇴근 후에 길을 가다가 외할머니와 비슷하게 생기신 분을 봤다. 외할머니 생각이 나서 전화를 드렸다. 할 말이 없었지만 "할머니 목소리 듣고 싶어서 전화 한번 했어요."라며 짧은 통화를 끝냈다. 주말에 집에 갔더니, 어머니께서 할머니가 정말 좋아하셨다고 했다. 그저 길을 걷다 생각나서 한 전화 통화가 할머니에겐 엄청 좋으셨던 것 같다.

그 뒤로는 가끔 할머니와 전화 통화도 한다. 어머니에겐 영상통화를 건다. 어머니는 받자마자 엄청 활짝 웃으신다. 그 모습을 보면 나도 행복하다. 어머니에게 가장 쉽게 웃음을 줄 수 있는 존재가 된 것 같아 기분이 좋았다.

가족과 행복은 뗄 수 없는 단어인 것 같다. '행복한 가족 사진', '행복한 가족 여행' 이러한 게시물이 수없이 많다. 나도 가족들과 휴가를 맞추고 여행을 다닌다. 1박 2일 정도의 짧은 여행이지만 그 어느 때보다 충전이 많이 돼서 온다. 많은 사람이 올린 게시물에는 웃고 있는 행복한 가족사진이 많다.

나는 친구들과 여행을 가면 사진을 많이 찍는 편은 아니다. 하지만 가족들과 여행을 가면 사진을 엄청나게 찍는다. 부모님과 동생의 행복한 모습을 남기기 위해서. 대학교 다닐 때 익명 게시판에 올라온 글이 있었다. 사진만 찍지 말고 부모님의 모습을 동영상으로 남겨놓으라는 글이 올라왔다. 나는 그 글을 보고 여행을 가면 부모님의 모습을 동영상을 찍는다. 집에 돌아와서 보고 있으면 부모님의 목소리와 그때의 행복한 순간들이 더 생생하게 담겨 있다.

아직 우리 집에는 가족사진이 없다. 나는 친구들 집에 가면 거실에 걸려 있는 가족사진이 그렇게 부러웠다. 매번 시간이 없다는 핑계로 찍지 못했다. 주말에 하루 부모님을 모시고 가족사진을 찍으러 가야겠다는 생각이 들었다. 매번 서로 시간이 없다는 핑계로 찍지 못했지만, 시간은 만들면 된다. 나의 거실에 가족사진이 걸려 있는 모습을 상상하면 미소가 지어진다. 떨어져 있어도 함께 있어도 가족은 언제나 서로에게 큰 행복이다.

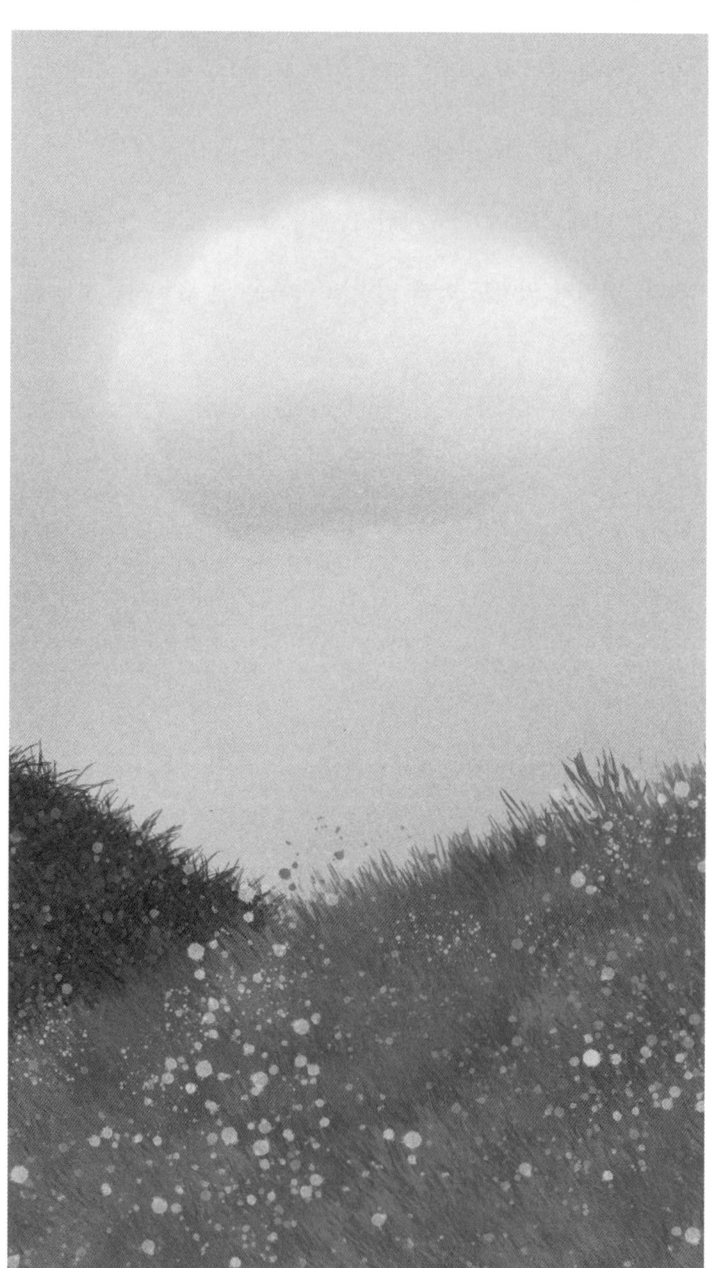

2장

잊지 마, 넌 이미 행복한 사람이야

01

잊지 마, 넌 이미 행복한 사람이야

우린 가끔 자신을 잊는다. 주위의 분위기에 휩쓸리다 보면 어느 순간 내가 빠진 느낌이다.

마치 달리는 말 위에 있는 느낌이다. 말들은 열심히 달리는데 나는 위에서 아무것도 안 하는 느낌. 가만히 있어도 앞으로 달려가고 있는 느낌이다.

아기 때는 다들 호기심이 많다. 어머니께서 나도 어릴 때 호기심이 많았다고 하셨다. 3~4세 때 부모님을 따라 결혼식장에 갔다. 내가 너무 울어서 어머니께서 생일 폭죽을 쥐여주었다. 어머니께서는 그 안에 내용물을 다 빼면 안 터질 줄 알았다고 하셨다. 내가 가지고 놀다가 줄을 잡아 당겼다. 내용물은 없지만, 결혼식 도중에 빵 하고 터졌다. 시선이 집중되었다. 나는 놀라서 울었다. 어머니는 어쩔 줄 몰라 하시며 나를 데리고 나갔다.

우는 내가 미웠다고 하셨다. 주변을 다 놀라게 해놓고 본인도 놀라서 울고 있는 내가. 어머니가 데리고 나가서 나를 달래주셨다. 그렇게 울음을 그치고 결혼식도 끝났다. 나는 기억이 없지만 생각해보면 당황하셔서 얼굴이 빨개지셨을 어머니의 모습을 상상하니 웃음이 난다.

결혼식장에서 시선이 집중된 장면, 어머니가 나를 빨리 안고 나오시는 장면. 지금 생각해보면 결혼식 주인공에게 죄송스럽다. 주인공에게 갈 집중이 나에게 왔다. 그래도 어머니가 쫓아내지 않고 나를 안고 나와서 달래줬다. 울고 있지만 나는 행복했을 것 같다.

나는 어릴 때 걸음이 느렸다고 한다. 다른 아이들은 벌써 다 걷는 개월 수인데 나는 그대로 기어 다녔다. 그래도 부모님은 걱정은 안 했다고 하셨다. 원래 느린 애도, 빠른 애도 있다고 생각하시면서. 나는 부모님의 응원을 들으면서 컸다. 그렇게 걷기 시작했다. 걷자마자 금방 뛰었다고 했다. 뛰기까지는 누구보다 빠르게 갔다. 어머니의 응원에 보답하듯이 엄청나게 뛰어다녔다고 했다.

난 그렇게 부모님께 사랑을 받으며 컸다. 외갓집에 가도 난 사랑을 받았다. 외갓집에서 첫 손주였다. 할머니의 사랑은 독차지였다. 그렇게 나는 행복하게 자랐다. 너무 바쁘게 지내오다 보니 내가 행복하게 자랐다는 사실을 잊어버리고 지냈다. 나는 이렇게 행복한 사람이었다.

어릴 때는 부모님께서 나를 번갈아가며 데리고 나가셨다. 아기 때 사진은 내가 봐도 엄청 귀엽다. 그래서 주변 사람들이 와서 귀여워해줬다고 한다. 아버지께서 데리고 나가면 "어머니가 정말 미인이신가 봐요."라고 들었다. 다른 날 어머니께서 데리고 나가면 "아버지가 정말 미남이신가 봐요."라고 했다. 부모님께서 날 데리고 나가면 "아기가 정말 예쁘네요."라고 칭찬 들었다. 나는 아기 때 부모님을 닮지 않았나 보다.

크면서 보니 부모님을 점점 닮아간다. 어릴 때의 부모님 사진과 나의 아기 사진을 봤다. 아버지와 나는 정말 닮았다. '나도 크면 아버지처럼 크겠구나.'라고 생각했다.

직장을 구하는 사람들은 회사원들을 부러워한다. 본인이 원하는 목표를 이미 이룬 사람들이다. 반대로 직장인들은 일을 쉬는 사람들을 부러워한다. 직장을 다니지 않는 그 자유를 부러워한다. 자신이 갖지 못한 행복을 부러워한다. 그렇게 지금 당장 나의 행복은 보이지 않는다. 직장을 다니고 있어서 행복하고, 일을 쉬고 있어서 행복한데.

친구들끼리 모여도 같은 상황이다. 누구는 학원에 다니고 누구는 과일가게에서 어머니를 돕는다. 또 다른 친구는 집에서 논다. 그렇게 서로를 부러워한다. 학원에 다녀서, 과일을 자주 먹을 수 있어서, 집에서 종일 놀 수 있어서.

우리는 지금 가지고 있는 행복을 잘 누리지 못한다. 항상 남의 행복이 더 커 보인다. 우리는 이미 행복한 사람이다.

친구들 중 고등학교 때 중국 유학을 하러 간 친구가 있다. 그 친구는 방학 때만 한국을 왔다. 친구들은 방학 마지막 날 항상 모였다. 다음 방학까지 친구를 못 만나기에. 부모님께는 맨날 마지막으로 친구들을 보고 온다고 했다. 친구는 다음 방학 때도 오는데 이번 방학엔 마지막이라는 핑계로.

마지막 방학 날은 친구들과 항상 중학교 운동장에서 놀았다. 축구도 하고 저녁에는 가끔 폭죽놀이도 했다. 어린 우리는 위험한 행동을 했다. 친구 한 명이 용가리라며 분수 폭죽을 입에 물면서 불을 뿜었다. 그렇게 뛰어다니다가 폭죽이 터졌다. 크게 다치진 않았지만, 입에서 피가 났다. 우리는 어쩔 줄 몰라 하고 있었다. 용가리 친구가 "119!" 하며 외쳤다. 그 때서야 119 생각이 나서 구급차를 불렀다.

나는 구급차를 처음 타봤다. 초등학교 때부터 가장 친한 친구가 피를 흘리고 있었다. 나는 무서웠다. 친구 부모님께도 죄송했다. 말리지 못한 나를 자책했다. 순식간에 폭죽이 터졌다. 친구는 급하게 응급실을 가서 입을 헹궜다. 그리고 입원했다.

다음 날 우리는 친구 병문안을 하러 갔다. 친구 입은 용가리에서 짱구 입술이 되어 있었다. 친구는 웃고 있었다. 양옆 입술만 조금 꿰맸다. 퉁퉁 부은 입술로 웃으니까 웃겼다. 수술이 끝난 친구는 행복해 보였다. 학교를 1주일 더 쉰다면서 행복해했다.

참 긍정적인 친구였다. 그리고 항상 남을 배려하는 친구였다. 우리가 미안하고 불편할까 봐 학교 안 간다고 좋다고 하는 친구였다. 물론 진심이었을 수도 있다. 학교 가는 걸 엄청 귀찮아했던 친구였으니까. 그 뒤로는 위험한 행동은 하지 않았다.

아직도 그 친구들을 만난다. 중국에서 유학 생활하던 친구도 한국에 들어왔다. 이젠 폭죽을 멀리한다. 친구의 입가에 작은 흉터도 아직 있다. 하지만 우리는 웃으면서 그때 얘기를 가끔 하곤 한다.

바닷가를 가면 항상 밤에는 폭죽을 하는 사람들이 보였다. 친구들과 간 바닷가나 해변에서도 폭죽을 하는 사람들이 많았다. 우리는 폭죽을 멀리서 지켜보기만 한다. 아직은 친구가 폭죽을 무서워하는 것 같다.

하지만 폭죽을 터트릴 때 그 모습은 아직도 예쁘다. 사람들이 여의도 폭죽놀이를 가는 이유가 있다. 매년 하는 폭죽놀이를 매년 많은 사람이 찾는다. 행사가 끝나고 지하철을 타러 가는 데만 30분이 넘는다고 한다.

우린 친구들과도 가족들과도 많은 추억을 공유하며 살아왔다. 행복했던 기억도 있고 슬펐던 기억도 있다. 하지만 다들 옆에는 아직도 친구들과 가족들이 있다. 그렇게 우리는 앞으로도 행복한 기억도 슬픈 기억도 함께 나누며 지낼 것이다.

누구나 다들 사랑을 받으며 컸다. 가끔은 바쁜 삶 속에서 내가 행복한 사람이라는 걸 잊는다. 나는 그런 사람들에게 알려주고 싶다. 잊지 말길. 당신은 행복한 사람이었다는 것을. 그리고 앞으로도 행복할 사람이라고.

어릴 때의 행복한 기억은 대부분 어머니께서 알려주신다. 나는 너무 어려서 기억이 나지 않는다. 나의 기억은 5~6세 때부터 있는 것 같다. 그것도 행복한 기억보다는 충격적인 기억들만 남아 있다. 어머니께서 알려주신 행복한 기억을 까먹지 않고 간직하며 산다. 나는 이렇게 충분히 행복했다고 생각한다.

어릴 때의 기억이 잘 안 나는 것처럼 우리의 행복한 기억도 금방 사라진다. 그래도 잊지 말아야 한다. 당신은 행복한 사람이라는 것을.

02

이 세상에 단 하나뿐인 행복 지도

우리는 처음 해외여행을 가면 지도를 본다. 지도를 보고 우리가 어디쯤 있는지 알 수 있다. 그리고 우리의 목적지를 향해 갈 수도 있다. 우리는 모두 인생을 처음 살고 있다. 인생에도 지도가 필요하다. 바로 행복 지도다.

말은 거창하지만 어렵지 않다. 나는 행복 지도를 여행으로 그렸다. 나는 해외여행을 간다. 도착하면 그 나라에 제일 어울리는 자석을 산다. 집에 해외여행 지도가 있다. 거기에 자석을 붙이면서 나의 행복 지도를 완성한다. 목표는 100개국을 채우는 것이다. 여러 나라를 다니면서 기념이 될 만한 자석도 모으는 중이다. 아직 가본 나라는 5개국밖에 안 된다. 앞으로 갈 시간이 많기에 조급하진 않다.

꼭 해외여행인 지도가 아니어도 된다. 국내 여행 지도를 그려도 된다. 국내 여행지도 똑같다. 국내 지도를 크게 뽑아놓고 가고 싶은 곳에 간다. 가서 기념될 만한 자석이나 물건을 사도 좋다. 자석을 사는 이유는 냉장고에 붙여놓기 좋기 때문이다. 지도를 붙여놓고 하나씩 채워나가는 짜릿함이 있다. 요즘 같은 시기에는 국내 여행이 좋다. 나는 아직도 국내 여행을 못 가본 곳이 너무나도 많다. 그래서 요즘은 국내 여행으로 행복 지도를 대신한다.

제주도 여행에서 만난 친구가 있다. 이 친구는 제주도에 맛집 지도를 그리고 있었다. 제주도에서 여행하며 많은 사람을 만났다. 그 사람들이 추천해준 맛집을 지도에 모두 표시했다. 나도 그 친구에게 추천을 받은 맛집을 몇 군데 갔다. 정말 최고였다. 그 친구만의 제주도 행복 지도가 완성되는 중이었다.

꼭 여행으로 행복 지도를 그리지 않아도 된다. 어떤 사람은 사진으로 그리기도 한다. 본인이 좋았던 사진들을 저장한다. 본인이 행복했던 사진들을 사진첩에 넣어둔다. 그렇게 행복한 사진첩이 탄생할 수 있다.

나는 어릴 때 부모님께서 사진을 많이 찍어주셨다. 어릴 때의 사진첩이 집에 있다. 이사를 하더라도 꼭 챙겨서 다니는 물건이다. 어릴 때 모습은 기억나지 않지만, 사진첩을 보고 있으면 행복한 나의 어린 모습이 보인다. 엄마가 놀아주는 모습, 장난감을 가지고 웃으며 놀고 있는 모습, 아버지와 맛있는 간식을 들고 있는 모습 등 다양하다.

내가 이렇게 행복한 순간이 많았다는 것을 느낄 수 있다. 그리고 부모님과 찍은 사진은 작게 인화해서 지갑에 넣고 다닌다. 지갑을 열 때면 항상 행복한 가족사진이 보인다. 그렇게 나의 작은 행복이 지갑 속에 들어있다. 아기들 사진을 지갑에 넣고 다니는 사람도 많다. 매일 열어보면서 행복을 느낄 수 있기 때문이다.

지갑을 잃어버릴 때 가족사진이 있는 지갑은 찾을 확률이 높다고 한다. 그리고 아기 사진이 있는 지갑은 더 높다고 한다. 그만큼 행복을 돌려주고 싶은 마음이 커서 아닐까 생각한다.

음식으로 매일 기록해도 좋다. 나는 군대에 있을 때 감사일기를 썼었다. 정 쓸 내용이 없어서 매일 맛있는 음식들을 기록했다. 맛있는 음식들을 기록하면서 감사하다고 감사일기를 썼다. 그렇게 모이니 또 기분 좋은 지도가 완성됐다. 매일 군대에서 먹던 맛있는 음식 지도이다.

먹는 방송(이하 먹방) 하는 사람들은 영상에 음식 기록이 남는다. 몇 분에 무슨 음식을 먹었는지 댓글로 달린다. 먹방 하는 분들은 보면 엄청나게 음식을 드신다. 저렇게 많이 드시고도 괜찮나 싶을 정도이다. 나도 그 영상을 보면서 댓글을 본다. 많은 음식이 보인다. 보기만 해도 행복해 보인다. 이렇게 많은 음식 먹는 모습을 볼 수 있다니.

먹방 유튜브를 보면서 대리만족을 느낀다. 내가 먹어보지 못하는 음식을 먹거나, 내가 못 먹을 양을 먹는 모습을 보며 대리만족을 느낀다. 다이어트를 하면서 대리만족을 느끼기도 한다. 비록 지금 나는 맛있는 음식을 먹지 못한다. 하지만 유튜버들이 대신 먹어주는 모습을 보며 행복감을 느끼는 것이다.

TV에서 가수 '비'가 나왔다. 비는 운동을 하며 다이어트를 하는 중이었다. 비는 먹방 유튜브를 보면서 대리만족을 느꼈다. 가끔 "아, 저런 음식에는 파김치를 먹어야지!" 하면서. 유튜브를 보면서 참견하는 것도 행복한 일이다. 그러다가 갑자기 내가 말한 파김치를 먹는다면 더 행복하다. 나의 바람이 이루어진 것 같다.

집에서 취미 생활로 행복한 지도를 만들 수도 있다. 요즘은 취미 생활 꾸러미가 엄청나게 잘 나온다. 나의 소중한 사람은 취미로 집에서 그림을 그린다. 그림을 그리기보다는 색칠을 한다. 색칠할 수 있는 취미 용품을 인터넷으로 산다. 요즘은 그림판에 번호가 쓰여 있다. 번호에 맞게 물감도 번호가 쓰여 있다. 번호에 맞는 물감으로 그림판에 칠하면 그림이 완성된다. 그렇게 취미로 많은 작품을 그렸다. 벌써 3개나 그렸다. 다 그리고 진열해보니 그렇게 뿌듯할 수가 없었다. 취미로 본인만의 행복을 찾았다.

이런 취미를 부모님께도 추천했다. 어머님께서도 취미로 그림을 그리시기 시작하셨다. 그렇게 벌써 5개를 그리셨다. 추천해준 사람보다 더 빠져 드셨다. 행복한 그림 취미는 흔적을 남기기에도 좋았다. 내가 다한 것을 진열하기에도 편했다. 진열하고 나면 '내가 이렇게 열심히 했구나!'가 보여서 좋다.

우리는 같은 취미 생활도 한다. 우리는 퍼즐 맞추기가 취미였다. 그래서 500조각짜리 퍼즐을 몇 개 샀었다. 퍼즐을 다 맞추고 사진을 찍었다. 사진을 찍고 보관을 위해 다시 부수자니 아쉬웠다. 그렇게 퍼즐 액자를 샀다. 퍼즐 액자에 다 맞춘 퍼즐을 넣었다. 액자를 세워놓으니 또 뿌듯했다. 우리의 값진 결과를 매일 볼 수 있었다.

요즘은 유튜브가 활성화되어 있는 시대이다. 본인의 지도를 유튜브로 그리는 사람도 많다. 본인의 일과를 브이로그로 찍어서 올리는 사람도 많다. 그렇게 자신의 흔적들이 그려진다. 자연스럽게 자신의 지도가 그려진다.

내 친구는 주 4일 방송을 한다. 방송하며 매주 편집하여 1주일에 한 개의 영상을 올린다. 그렇게 벌써 1년 가까운 시간 동안 했다. 많은 사람이 보진 않지만 그렇게 행복한 방송 스토리를 만들고 있다. 나중에 나를 돌아보면서 방송을 보면 흐뭇할 것 같다. '내가 이렇게 열심히 했구나.', '내가 이렇게 어렸었구나.' 하면서.

본인만의 인생 지도를 그리는 방법은 너무나도 많다. 취미 생활, 여행 지도, 사진, 유튜브 등등 기록할 수 있는 수단이 많다. 그렇게 본인만의 지도를 그리면서 행복을 그려도 좋다. 그 지도에 이름을 붙여주자.

'행복 지도'

언제 찾아봐도 행복의 길을 찾을 수 있는 행복 지도이다. 물론 꼭 실물로 행복 지도를 그릴 필요는 없다. 하지만 보이는 것으로 행복 지도를 그린다면 더욱 좋다. 항상 눈으로 볼 수 있다. 그리고 보는 순간 행복해질 수 있기 때문이다.

그리고 나중에는 '어디를 여행 가야지.'라는 상상을 할 수 있다. 상상을 하게 되면 꼭 가게 된다. 무의식적으로 상상을 끌어당긴다. 그렇게 상상한 여행지에서 또 기념될 만한 것을 사고 있을 것이다.

행복 지도를 그려놓으면 우리가 힘들 때 힘이 된다. 행복했던 기억을 보면서 활기찬 하루를 선물 받을 수 있다. 힘든 날에는 위로를 받을 수 있다. 미래에 완성될 행복 지도를 그려보자. 위로가 될 수 있고 힘이 될 수 있는 행복 지도를 눈앞에 그려보자.

03

믿음은 행복의 씨앗이다

우리나라는 한때 '할 수 있다' 증후군에 빠졌었다. 바로 2016년 리우데자네이루 올림픽 남자 펜싱 에페 경기였다. 금메달 경기에 임한 박상영 선수는 당시 에페 개인 결승전에서 붙은 헝가리 선수 임레에게 10-14로 뒤지고 있었다.

그때 경기를 보며 가족들끼리 말했다. "점수 차이가 너무 많이 난다.

속상하다. 우리가 꼭 이겼으면 좋겠는데." 그때 방송국 카메라가 "할 수 있다."를 담아냈다. 우리도 기도하면서 외쳤다. "할 수 있다. 된다. 금메달 딸 수 있다." 그 순간 우리 모두의 간절한 바람이 통했다.

박상영 선수는 "할 수 있다."를 외치며 기적 같은 15-14 역전승을 따냈다. 그렇게 "할 수 있다."라는 말은 그의 트레이드 마크가 됐다. 박상영 선수는 본인을 믿었다. 그리고 계속 자신에게 주문을 걸었다. '할 수 있다. 할 수 있다.' 그렇게 주문이 통했고 결국 금메달을 목에 걸 수 있었다. 자신에 대한 믿음이 통했다.

우리는 그렇게 "할 수 있다."라고 다짐해야 한다. 그때 경기를 보면 모두가 불가능할 것 같다고 말했었다. 하지만 박상영 선수는 그렇지 않았다. 본인을 믿었다. 본인은 알고 있었다. '역전은 가능하다. 할 수 있다.' 그렇게 드라마 같은 역전이 나왔다.

요즘 많은 사람은 무교다. 종교를 믿지 않는다. 종교를 믿기보다 자신을 믿는 사람이 많아졌다. 나도 그중 한 명이다. 나도 나를 믿는다. 본인을 믿고 열심히 했을 때 모든 일은 성공하게 되어 있다. 믿음의 결과로 성공이 따라온다.

나는 목표가 생기면 먼저 계획을 세운다. 그리고 내가 그 목표를 달성할 수 있다고 생각한다. 실패는 생각하지 않는다. 그렇게 목표에 대한 열정을 다진다. 계획대로 잘 달성해나가면 나는 목표를 달성할 것이다.

나는 나를 잘 안다. 나는 그래서 목표를 최단 기간으로 잡는다. 나의 열정은 생각보다 빨리 불타오른다. 빨리 불타오르는 대신 빨리 꺼진다.

권동희(한국석세스라이프스쿨) 대표는 이런 말씀을 하셨다.

"목표는 열정이 있을 때 끝내셔야 합니다."

나는 그래서 요즘 일정을 타이트하게 잡는다. 지치기 전에 목표를 달성하기 위함이다. 대신 나를 믿는다. 그 기간 안에 달성할 수 있다고 계속 다독인다. 물론 일정이 빽빽하다 보면 지칠 수도 있다. 그래서 최종 마감 기한보다 1주일 빨리 끝내는 것을 목표로 한다. 1주일 빨리 끝내면 심적으로 여유가 있다. 끝내고 3일 정도 자유를 만끽한다. 그 후에 다시 목표를 달성하면서 부족함이 없었나 하고 되돌아본다. 부족한 부분이 있으면 채우고 보충한다. 그렇게 마감 기한에 좋은 결과물을 낼 수 있었다.

가장 좋은 믿음은 가족이 나를 믿어주는 것이다. 가족들은 항상 나의 의견을 믿어주고 존중해줬다. 나는 3년제 전문대를 갔다. 전문대를 갈 때도 내가 선택했다. 지방에서 4년제를 나오는 것보다는 전문대에서 기술을 배워서 빨리 취직하는 게 나을 것 같았다. 그렇게 3년제 전문대를 갔다. 취업 준비를 해보니 전문대가 원서를 쓸 수 있는 곳은 한정되어 있었다. 나는 부모님을 설득해서 1년만 더 다니면서 취업 준비를 하고 싶다고 했다.

부모님은 나를 믿고 지원해주셨다. 그렇게 4학년을 졸업하기 전에 취업할 수 있었다. 1년 동안 정말 바쁘게 살았다. 토익 준비, 자격증 준비, 취업과 아르바이트까지. 부모님의 믿음을 배신할 수 없었다. 보답해드리고 싶었다.

나는 그렇게 믿음에 보답했다. 부모님의 믿음이 없었다면 아마 나는 자존감이 떨어졌을 것 같다. 그때는 나도 나를 믿지 못했다. 많은 기업과 면접에서 떨어졌다. 그렇게 나의 자존감도 떨어지고 있었다. 부모님은 말없이 나를 믿어주셨다. 그 믿음에 보답하고자 나는 더 치열하게 살았다.

학교 기숙사에서 매일 새벽 5시에 일어났다. 일어나서 자격증을 공부했다. 학교 수업 시간에도 열심히 집중했다. 4학년 학점도 높게 졸업할 수 있었다. 새벽부터 시작된 공부로 자격증도 딸 수 있었다. 믿음에 보답하고자 열정이 불탔다. 온전히 나의 노력으로 타오른 이 열정은 쉽게 꺼지지 않았다. 취업할 때까지 계속됐다. 취업하기까지 8개월이 걸렸다. 총 80개의 자기소개서를 쓰면서 마무리됐다.

그리고 취업을 준비하면서 책을 처음으로 읽었다. 책에서 위로를 받게 되었기 때문이다. 내가 제일 좋아하는 프로 게이머 선수가 있다. '페이커' 선수이다. 그 선수가 인터뷰하는 영상에서 책을 추천했다. 그 책은『나를 모르는 나에게』였다. 취업 준비할 때 나는 나를 잘 몰랐다. 그래서 책 제목만 듣고 바로 샀다.

그 책에는 위로가 되는 말이 많았다. 책을 한 번에 다 읽지 말라고 되어 있었다. 매일 조금씩 읽으면서 책에 나와 있는 물음에 대답할 시간을 충분히 가지라고 했다. 나는 책에 나와 있는 물음에 대한 답을 작성하는 시간을 가졌다.

처음으로 책을 읽으면서 울었다. 나에 대해서 잘 몰랐기도 했고, 자존감이 많이 내려갔기 때문이었다. 책에서 위로를 받을 수 있었다. 내 마음을 달래주었다. 그렇게 책의 세계에 빠져들었다.

대학교 근로학생을 하는 동안에는 선생님들께서 일을 시키지 않으면 공부를 할 수 있었다. 나는 그 시간 동안에 매일 한 시간씩 책을 읽었다. 자신을 위로했다. 나도 할 수 있다고 생각했다. 나를 믿기 시작했다.

사랑하는 사람의 믿음은 더 큰 행복을 준다. 사랑하는 사람은 세상에서 유일한 나의 편이다. 내가 무슨 일을 해도 나의 말을 믿어줄 사람이다. 그런 사람들의 믿음은 큰 힘이 된다.

회사에 다니면서 나는 방황했다. 앞으로 어떻게 살아야 할지 막막했기 때문이다. 그래서 이것저것 많이 시도했다. 계속 나의 미래 꿈은 바뀌었다. 그래도 옆에서 묵묵히 나를 응원했다. “이번에는 나 자격증 준비해보려고!” 하면 옆에서 기출 문제 풀이도 도와줬다.

3개월 후에 “나 아버지와 같은 업무 하려고, 다른 자격증 준비하려고!”라고 말했다. 나는 갈피를 못 잡고 결단력이 부족했다. 이번 자격증 준비도 옆에서 도와줬다. 하다가 내 길이 아닌 것 같아서 포기했다.

또 여러 가지 미래를 그렸다. ‘제약회사에 다니면서 약대를 준비해볼까?’라면서. 한 번도 “말도 안 되는 소리 하지 마.”라고 한 적이 없었다. 정말 말이 안 되는 계획이었지만 또 나를 믿어 줬다.

올해는 또 계획이 바뀌었다. 책을 읽으면서 내가 진정 원하는 것을 찾는 시간을 가졌다. 직장 생활은 내가 원하던 인생이 아니었다. 나는 강사로 지내고 싶었다. 사람들을 만나면서 내가 배운 지식을 알려주고 싶었다. 사람들에게 위로가 되는 말을 해주고 싶었다. 그래서 강사가 되기로 마음먹었다.

그래서 책을 먼저 쓰기로 했다. 책을 써본 적이 없는 내가 책을 쓰겠다고 했다. 옆에서 책 쓰는 방법에 관한 책을 사주며 도와줬다. 그래서 이렇게 책을 쓸 수가 있었다. 사람들에게 위로가 되는 책을 쓰고 싶었다. 많은 사람에게 행복을 찾는 방법을 알려주고 싶었다. 사랑하는 사람의 믿음에 보답하고 싶었다.

그렇게 새벽 4시 반에 일어나 매일 책을 썼다. 주말에도 쉬지 않고 책을 쓰며 보냈다. 옆에서 보면서 "이번엔 좀 다르네."라는 말과 함께 나를 응원해줬다.

누군가가 나를 믿고 있다는 것은 큰 힘이 된다. 그 힘이 원동력이 된다. 그렇게 우리가 원하는 목표를 향해 나아갈 수 있다. 행복의 기초가 되는 것은 믿음이다. 가족의 믿음, 소중한 사람의 믿음, 자신의 믿음.

믿음은 행복의 씨앗이 된다. 믿음으로 씨앗을 심어줬을 때 우리는 행복의 식물을 크게 키울 수 있다. 내가 나를 믿지 못하면 행복은 자라날 수 없다. 위기의 순간에 나 자신을 믿었던 박상영 선수처럼 우리도 자신을 믿어야 한다. 우리는 오늘도 행복의 씨앗을 심어보자. "할 수 있다."라고 되뇌면서.

04

최선을 다했다면 그걸로 충분하다

나는 고등학교까지는 중간만 했다. 노는 것도 중간, 성적도 중간. 그래서 정신을 차리고 보니 고등학교 3학년이었다. 중간인 성적으로는 부모님 집에서 대학을 다닐 수가 없었다. 여름방학부터 공부하기로 마음을 먹었다. 나는 시골 태백으로 갔다. 친척네 집으로 갔다. 아무도 없는 태백에서 공부했다.

방학 내내 아침 6시부터 일어나서 인터넷 강의(이하 인강)를 들었다. 아침부터 시작된 인터넷 강의 수업은 점심까지 이어졌다. 나는 그동안 공부를 안 했기에 들을 인강이 많았다. 계획을 짜니 매일 6시간씩 1달을 들어야 개념이 끝났다. 나의 목표는 여름방학 동안 개념을 다 듣고 공부하기였다.

그렇게 방학 내내 한 달 동안 인터넷 강의를 들었다. 점심을 먹은 이후에는 들은 내용을 복습했다. 복습하고 가끔 산책도 하고 치열하게 살았다. 가끔 아침에 못 일어날 때도 있었다. 그런 날은 속상해서 엄청나게 자책했다. 하지만 다시 마음을 다잡았다. 지금이라도 일어나서 할 수 있음에 감사했다.

방학이 끝나고 학교에 갔다. 친구들도 한 달 만에 얼굴을 보니 반가웠다. 나름 치열하게 공부했다고 생각하고 9월 모의고사를 봤다. 결과는 똑같았다. 공부를 하기 전이나 공부를 한 다음이나 나는 항상 중간이었다. 숫자 3, 4로 도배된 성적표를 받았다.

'남들은 나보다 더 공부를 많이 한다는 걸' 느낄 수 있었다. 나만 공부하는 게 아니었다. 그렇게 남은 2개월도 열심히 공부했다. 내가 본 수능은 이과, 문과 수학이 나누어져 있었다. 나는 이과지만 문과 수학을 선택했다. 수학만큼은 자신 있었다. 그렇게 시험을 보고 수학만 2의 숫자를 봤다. 그 숫자 하나로 내가 원하는 학과에 지원하고 붙었다.

나는 정말 3개월만큼은 치열하게 살았다고 생각한다. 물론 다른 사람에 비해 치열하진 않았다. 하지만 내가 여태 살아온 나와 비교했을 때 정말 노력했다. 공부를 이렇게까지 해본 적도 없었다. 그렇기에 나를 칭찬했다.

남들과 비교하지 말고 내가 생각하기에 전의 나보다 성장했으면 됐다. 이전의 나보다 더 치열하고 열심히 했으면 된다. 더는 못할 정도이면 좋겠지만, 그 정도는 아니라고 생각했다. 단지 열심히만 했다. 나는 엉덩이가 무거운 편이다. 꾸준한 걸 잘하는 편이다. 그렇게 꾸준하게 3개월 동안 공부한 결과로 대학을 붙었기에 기뻤다.

사람들은 대부분 남과 비교한다. 남들보다 더 열심히, 더 많이 생각하면서 지낸다. 그것보다는 어제의 나와 비교하면 좋을 것 같다. 어제의 내가 한 그것보다 더 많이, 더 열심히 하는 것이다. 그러다 보면 남들보다 더 많이 했다. 남들이 할 수 없었을 양을 하고 있었다.

어제의 나와 싸워 이기는 건 엄청난 효과가 있었다. 처음 나는 공부할 때 2시간도 앉아 있기 힘들었다. 그래서 어제의 나보다 조금씩 더 공부하자는 마음으로 시작했다. 어제보다 한 시간씩 더 앉아서 공부했다. 그렇게 늘리다 보니 10시간을 앉아 있을 수 있었다.

10시간 내내 공부한 것은 아니다. 단지 앉아 있는 시간을 늘렸다. 그렇게 앉아 있다 보니 심심해서 공부하게 된다. 나는 공부할 때 보통 핸드폰을 치웠다. 놀 수 있는 게 공부밖에 없었다. 그렇게 환경을 만들었다. 공부할 수밖에 없는 환경. 그 속에 빠지니 놀 거리가 공부였다. 그렇게 나는 어제의 나보다 성장했다.

대학교 합격 조회를 할 때 친구들과 같이 있었다. 수능이 끝났다는 안도감에 친구들과 엄청나게 놀러 다니는 중이었다. 나는 예비로 붙었다. 그렇게 지방 생활이 시작될 것 같았다. 지방에 있는 4년제 대학을 다닐 생각에 들떴다. 부모님과 상의를 하고 기숙사도 알아봤다. 그렇게 학교 갈 날을 기다리고 있었다.

고등학교 친구들도 대부분 대학교에 붙었다. 그래서 다들 학교에 와서 재미나게 놀았다. 그중 몇몇 친구들은 재수를 생각하고 있었다. 대학교 목표를 다시 생각하고 공부를 하려고 마음을 먹었다.

나도 그 친구들과 이야기를 하면서 목표를 생각해봤다. 나의 목표는 집에서 다닐 수 있는 대학교였다. 내가 지방에 내려가서 새로운 사람들과 잘 지낼지 고민이었다. 그리고 대학 학비부터 용돈까지 내가 다 벌 수 있을지 고민이 많았다. 그렇게 고민한 결과 나는 재수를 하기로 마음먹었다.

3월부터 재수를 시작했다. 빠른 사람들은 12월부터 시작한다. 나는 또 늦었다. 그렇게 3월부터 개념 강의를 시작으로 재수가 시작됐다. 나는 고등학교 3학년 때 3개월보다 더 열심히 하려고 노력했다.

습관은 금방 무너졌다. 3개월 동안 무거웠던 엉덩이는 금방 가벼워졌다. 그렇게 먼저 무거운 엉덩이 만들기를 시작했다. 어제의 나보다 더 오래 앉아 있었다. 집에서 손을 벌리기 미안했다. 나는 독서실보단 국립 도서관에 가서 공부했다. 거기서는 공무원 준비하는 사람들도 많아서 동기부여 받기도 좋았다. 친구들과 도서관을 다녔다.

나의 출근 시간은 아침 7시였다. 나와 약속했다. '내가 문 따고 들어가서 문 닫고 나오자.' 친구들은 9시쯤 모였다. 그렇게 같이 공부를 하니 서로 의지가 되었다.

매일 아침 7시에 출근한 나는 저녁 10시까지 도서관에 앉아 있었다. 공부가 잘 되지 않는 날도 도서관에서 놀았다. 앉아 있다 보면 책을 보고 있었다. 집에 돌아와서도 못다 한 공부한 날이 있었다. 저녁 12시까지 인강을 들으며 복습한 날도 많았다.

어느 날은 개어놓은 이불이 너무 편안해 보였다. 거기 기대서 잠깐 있었는데 눈 떠보니 새벽 4시였다. 그 정도로 피곤하게 살았다. 잠깐 기댄다는 게 자버려서 또 후회했다. 열심히 하려고 노력도 많이 했다. 이번엔 공부하다가 코피 흘려본다는 마음으로 했다.

친구들과 공부하다 보니 가끔 놀러 가는 날도 있었다. 그런 다음 날은 마음이 들떴다. 나는 남들과 다르게 분위기에 금방 휩쓸렸다. 그래서 놀러 갔다 온 다음 날까지 공부가 안 됐다. 마음을 진정시키기 어려웠다. 공부는 혼자 하는 거라는 말이 느껴졌다. 성공하는 사람들은 외롭다. 외롭게 성공했다. 공부도 성공시키기 위해서는 외로워야 했다. 나는 외롭지 못했다.

하지만 매일 문 열고 들어가고 문 닫고 나오는 생활이 익숙해졌다. 집에서 공부하다가 코피가 흐르는 걸 느꼈다. 나도 공부하다가 코피가 나본 사람이었다. 단 하루였지만 뿌듯했다. 내가 정말 노력했다는 결과물을 얻은 기분이었다. 성적표로 얻지 못한 뿌듯함을 코피로 얻었다.

나는 재수 생활과 삼수 생활을 어제의 나보다 치열하게 했다. 후회 없이 했다. 하지만 결과는 항상 후회가 남았다. 결국 원하는 대학에 들어가지 못했다. 그래도 집에서 다닐 수 있는 대학을 찾았다. 그렇게 나는 전문대에 입학했다.

나의 결과에 후회하진 않는다. 나는 정말 노력했다. 공부 머리는 따로 있다는 말이 생각났다. 나는 엉덩이만 무거우면 될 줄 알았다. 방법과 방향을 잘 몰랐다.

나는 내가 생각하기에 중요한 순간에 최선을 다했다. 어제의 나를 이기려고 노력했다. 항상 도서관 관리자분과 문을 같이 열고 들어갔다. 그리고 교대하신 관리자분과 문을 닫으면서 나왔다. 그렇게 나는 후회 없는 공부를 했다.

공부하다가 코피도 났다. 공부하다가 지쳐서 쓰러져 잔 적도 있다. 그렇게 최선을 다했다. 하지만 최선을 다했다고 항상 결과가 좋을 순 없다. 본인에게 후회 없을 정도로 최선을 다했다면, 결과에 상관없이 웃을 수 있다. 그걸로 충분하다. 자신을 자책하지 말자. 우리는 충분히 최선을 다했다. 고생했다. 이런 경험으로 다음 일에도 우리는 분명 최선을 다할 것이다. 최선을 다하는 방법을 알았다. 다음 중요한 순간이 오면 놓치지 않을 각오가 되어 있다. 그걸로 충분하다.

05

사람은 자신이 생각한 대로 된다

모든 것이 내가 생각한 대로 되면 좋겠다고 생각해보진 않았는가? 가끔 어떤 일은 할 수 없다는 생각이 들지는 않는가? 나도 너무 많은 업무에 '오늘은 못 하겠는데…?'라는 생각을 한다. 하지만 우리는 우리 자신을 믿을 때 슈퍼맨이 된다. 무언가를 할 수 없다고 생각하면 진짜 할 수 없다. 할 수 없는 핑계를 수십 가지 만들어낸다. 우리의 생각은 우주가 듣고 있다고 한다.

나는 대학교에 입학했을 때 OT에서 사람들을 통솔하는 과대표를 보고 생각했다. '와! 과대표 멋있는 자리네. 나도 한번 해보고 싶다.'라고 생각했다. 그리고 처음 만나는 사람들이라 어색하여 분위기를 끌어올리는 학회장을 보았다. 학회장은 정말 열심히 했다. 어색한 친구들을 위해 그날은 개그맨이 되었다. 나는 첫 만남엔 소심한 성격이다. 그래서 학회장보다는 옆에서 보조해주는 과대표를 하고 싶었다.

1학년을 마치기 전에 과대표를 지원하는 공고가 붙었다. 나는 소심해서 생각만 하고 주변에 상황이 만들어져야 하는 스타일이다. 그래서 하고 싶은 일들을 놓친 경우가 많다. 이번에도 놓칠 수밖에 없다. 용기가 없기 때문이다. 그러나 학과 조교 선생님께서 전화가 왔다. 내가 반 애들을 잘 이끌어주고, 군대도 갔다 온 모습에 과대표를 추천하셨다. 그렇게 상황이 만들어졌다. 나는 지원서를 쓰고 과대표가 되었다.

내가 해보고 싶다고 단지 생각만 했을 뿐인데 정말 이루어졌다. 심지어 과대표만 한 게 아니었다. 과대표를 하려고 나왔지만, 학회장으로 뽑힌 사람이 그만두는 바람에 학회장을 하게 되었다. '내가 처음 보는 사람들 앞에서 개그맨이 될 수 있을까?'라는 생각이 맴돌았다. 생각을 바꾸기로 했다. 생각하는 대로 되는 걸 경험했기 때문이다. '나는 이번 계기로 사람들 앞에 나서지 못하는 약점을 바꾼다.'라고.

전 학회장에게 열심히 가르침을 받았다. 소심했던 나를 위해 어떻게 생각하고 나서서 하는지부터 시작해서 하나부터 열까지 알려줬다. 그렇게 OT에서 분위기를 열심히 살리려고 노력했다. OT가 마무리되고 원하는 사람들을 모아 저녁 식사 자리로 안내했다. 성공적인 OT였다.

학교 MT 시즌이 시작되었다. 소심했던 내가 200명이 가까운 사람들 앞에서 MT 진행도 맡았다. 그리고 우리 학회는 학과 MT를 성공적으로 마무리했다. 생각대로 내가 변하고 있었다. 사람들 앞에 서는 건 아직도 떨린다. 하지만 이젠 두렵진 않다. 떨린 만큼 준비를 하다 보면 준비한 것보다 더 잘 진행한다. 나는 소심하지만, 생각을 바꾸고 나를 믿었다. 그렇게 나는 슈퍼맨이 되었다.

재수 시절에 인터넷 강의(이하 인강) 선생님께서 항상 하는 말씀이 있었다. "불안한 생각이 들면 바로 집어치워라. 그리고 머리를 한 대 쥐어박아라. 긍정적인 생각만 해라. 생각이 곧 현실이 된다."라고 하셨다. 그땐 이 말뜻이 잘 이해가 되지 않았다. 공부하며 가끔 드는 불안한 생각이 나를 삼킬 때가 있었기 때문이다.

이제는 부정적인 생각이 들면 머리를 쥐어박는다. 그리고 생각을 바꾼다. 언어도 바꾼다. '된다. 할 수 있다. 행복하다.'라고. 이미 경험을 했기 때문에 더 잘 알고 있다.

나는 학회장을 마치고 나니 재밌었다. 학생들을 위해 봉사하며 여기저기 뛰어다니는 게 내 적성에 맞았다. 사실 뛰는 게 적성에 맞았다. 어릴 때부터 뛰는 걸 좋아했으니…. 그렇게 또 속으로 생각했다. '총학생회는 어떨까? 총학생회 하면서 또 한 번 봉사하며 재밌게 지내고 싶다.'라면서.

이번에도 나서진 못하고 생각만 하는 사이에 총학생회 임원들은 이미 다 뽑혔다. 그래도 마음을 접지 않았다. 한 번 하는 대학 생활인데 총학생회도 해보고 싶었다. 간절했다. 내 마음이 우주에 닿았는지 임원 중 한 명이 그만두었다. 그것도 체육부장 자리가 비었다. 뛰어다니고 몸 쓰는 걸 좋아하는 나에게 딱 맞았다.

그 당시 총학생회 회장은 나의 과대표 동기였다. 전화해서 총학생회 체육부장을 하고 싶다고 전했다. 면접을 보고 그렇게 총학생회 임원이 되었다. 3월부터 하게 되었다. 그해부터 학교법이 개정되었다. 등록금을 초과해서 받은 장학금은 지급되지 않았다. 나는 그렇게 체육부장을 무료로 봉사하게 되었다. 그래도 행복했다. 내가 상상했던 일들이 이뤄졌기 때문이다.

행복하게 총학생회를 시작했지만 바로 위기가 생겼다. 대학교에서 가장 큰 행사는 축제와 체육대회이다. 그런데 축제 기간에 학생들에게 술을 파는 것을 금지했다. 술을 팔지 못하기에 많은 과대표들이 축제에서 주점을 포기했다. 속으로 '망했다.'라고 생각했다. 그리고 머리를 쥐어박았다. 분명 다른 길이 있다고 생각했다. 이겨낼 수 있다고 생각했다.

우리는 회의를 하며 한 번도 해보지 않은 일을 하기로 했다. 체육대회와 축제를 합쳐서 2일에 걸쳐서 진행하기로 했다. 오전에는 체육대회를 진행하고 오후에는 축제를 진행했다. 오후에 주점을 모집했지만, 예상처럼 모이지 않았다. 우리 과 학회장 후배만 주점을 연다고 했다. 덕분에 성공적으로 주점을 운영할 수 있었다. 너무나 고마웠다.

오전에는 체육대회 준비와 운영으로 나는 엄청나게 뛰어다녔다. 그리고 분위기를 유도하기 위해 MC와 함께 체육대회 진행에 열을 올렸다. 성공적으로 체육대회를 마치고 저녁 축제도 유도했다. 아침저녁으로 바쁘게 뛰어다녔다. 하루에 3만 보 이상 걸었다. 너무 많이 뛰어다녀서 2일 차에는 무릎이 아팠다. 보건실에서 테이핑을 해야 했다. 테이핑하고도 분주히 돌아다녔다. 덕분에 축제와 체육대회를 성공적으로 끝낼 수 있었다.

2학년 때 학회장을 하면서 취업 고민을 시작했다. 전공 동아리도 하고 있었다. 하지만 실제 상을 탄 경험이 없었다. 전공 동아리를 하며 나도 수상 이력 한 줄은 남기고 싶었다. 2학기엔 전공 동아리 팀장을 맡았다. '이번 학기는 꼭 상 받는다.'라고 생각하며 작품을 준비했다.

우리 대학교 전공 동아리 모두가 작품 전시회 후보였다. 학과 당 2~3팀만 출전할 수 있었다. 우린 열심히 준비했다. 노력했지만 후보가 너무 대단했다. 우리는 떨어졌다. 그렇게 상과는 멀어지는 것 같았다.

교수님께서 우리가 서브로 공학 페스티벌에 나가 보는 건 어떠냐고 하시면서 추천해주셨다. 수상작들은 이미 정해져 있었다. 하지만 우린 서브로 공학 페스티벌에 나갔다. 나가서 서브 팀을 둘러보고 있었다. 서브 팀들 사이에서도 상을 수여한다는 소식을 들었다. 나는 열심히 홍보하고 투표하는 방법을 알아보았다. 우리 기구로 시연하며 투표를 부탁했다. 그렇게 우린 우수상을 받았다.

상을 탈 줄 몰랐기에 같은 시기에 다른 대회를 알아봤다. 창원에서 열리는 대학부 지능로봇(자유 부분)에 신청서를 작성했다. 큰 기구를 들고 서울에서 창원까지 내려갔다. 작품 전시회에서 대상을 받았던 팀도 같은 대회에 나갔다. 대회에서는 대상과 금상, 은상, 동상으로 수상 팀의 수가 정해져 있었다.

전시회에 나갔던 팀은 대상을 받았다. 금상 수상 팀은 원래 1팀으로 정해져 있었다. 우리가 참가한 날은 좋은 아이디어와 작품이 많아서 참여하는 팀이 세 팀으로 늘어났다. 우리는 그렇게 금상을 탈 수 있었다. 내가 간절히 바라던 상을 두 개나 탔다. 그 후 작품 전시회에 떨어졌던 전공 동아리 팀들을 대상으로 학술대회가 열렸다. 나는 지원했고 나가서 발표했다. 그렇게 3번째 상을 탔다.

간절히 바랐던 상을 2학기 동안 3개를 탔다. 그만큼 열심히 대회 신청도 하고 팀원들과 작품도 준비했다. 좋은 결과로 2학년을 마무리할 수 있었다.

나는 간절히 상상하면 이루어진다는 것을 믿는다. 대학교 2, 3학년 생활이 상상을 현실로 만들었기 때문에 더 믿는다. 우리는 우리의 생각이 우주에 닿는다는 것을 믿어야 한다. 그렇기에 긍정적인 생각을 해야 한다. 원하는 걸 상상해야 한다. 상상하고 실현해야 한다.

간절히 상상하고 상상에 감정을 넣으면 생각한 대로 된다. 감정을 넣는 게 중요하다. 실제로 일어났을 때를 상상하며 그때의 기분을 느껴야 한다. 물론 상상만 해서 모든 게 이루어지진 않는다. 상상하고 그걸 이루기 위한 본인의 노력이 뒷받침되어야 한다.

사람은 모두 자신이 생각한 대로 된다. 좋은 생각만 하고 원하는 상상을 하다 보면 실제로 일어난다. 내가 학회장을 하고, 총학생회 임원을 하고, 대회에서 상을 탔던 경험은 모두 간절하게 원하고 생각했기 때문에 일어났다. 오늘부터 우리가 원하는 꿈을 간절하게 생각해보자. 우리는 모두 할 수 있다고 믿는 순간 슈퍼맨이 된다.

06

생각만 바꿔도 하루가 달라진다

나는 군대에서 매일매일 같은 일상을 보내는 것이 지겨웠다. 내일도 같을 거라는 생각에 우울했다. 심지어 내게 남은 군 생활을 보면 아직도 까마득했다. 그래도 다행인 건 나보다 많이 남은 후임들이 있다는 것이었다. 그것을 보며 난 버텼다.

군대는 정말 작은 사회이다. 계급으로 보자면 이병, 일병, 상병, 병장

순으로 경험하고 전역을 한다. 사회로 비유하자면 신입사원부터 부장까지 모든 위치를 한 번씩 겪고 나온다. 신입사원의 기간은 짧다. 3달이면 신입사원은 끝난다. 3달 동안은 실수해도 도와준다. 3달이 지나고 일병이 되면 일만 엄청나게 한다. 소위 일병은 '일'만 하는 '병'신이라고 한다.

어느 정도 지나면 관리자의 입장이 되어본다. 후임들을 관리하면서 본인도 일하느라 정신이 없다. 마지막 병장은 너무 행복했다. 같은 팀 사이에서는 내가 무엇을 해도 내가 왕이었다. 후임들을 괴롭히진 않았다. 그냥 나의 자유가 좋았다. 일을 해도 내 마음대로 할 수 있었다. 어깨가 엄청나게 올라간 채로 전역하게 된다. 전역하는 순간 나는 다시 이병이 되는지 몰랐다.

군대에서는 매일 아침 구보를 한다. 아침마다 3km씩 뛰었다. 그래서 비 오는 날이 제일 좋았다. 아침에 구보를 하지 않았다. 아침에 일어나서 구보하러 가는 길은 몸이 너무 무거웠다. 아무리 뛰는 걸 좋아한다지만, 아침에 잠이 덜 깬 채 달리는 일은 너무 힘들었다.

전역과 추석이 겹쳐 있어서 전역 직전에 휴가를 미리 갔다 왔다. 군대에서도 휴일은 일을 안 하고 놀기 때문이다. 나는 휴가 갔다 와서 5일을 더 보내다가 전역했다. 그 5일이 정말 행복했다. 마치 4박 5일 군대 체험에 온 기분이었다.

아침마다 하던 구보도 행복했다. 뛰는 내내 웃음만 나왔다. 사회에서는 하지 않을 구보가 몸을 건강하게 해주는 기분이었다. 기본적으로 8시간 이상 재워주던 것도 감사했다. 사회에서는 8시간보다 항상 적게 잤다.

휴일에 괜히 이것저것 시키는 당직사관이 근무를 서도 괜찮았다. 물론 속으로는 '아무것도 시키지 마라…. 제발….' 하며 되뇌었다. 마지막이라 그런지 정말 그날은 아무것도 시키지 않았다. 모든 사람이 편하게 휴식만 취했다.

나의 마음가짐이 바뀌었다. 그러자 일상이 바뀌었다. 곧 전역해서 마음이 바뀐 것도 있었다. 하지만 느낀 것은 마음만 바꾸면 항상 보던 게 다르게 보인다는 점이었다.

나는 군대에서 힘든 훈련이 두 개가 있었다. 혹한기와 유격 훈련이었다. 그건 누구에게나 힘들었다. 매번 하지 않던 훈련을 해서 힘든 것이었다. 훈련을 받을 때면 그동안 운동도 많이 하지 않아서 몸이 무겁다는 게 느껴진다.

그처럼 고된 훈련을 버티게 해주는 힘은 동기이다. 진짜 바보 같고 아무것도 못 할 것 같은 동기가 있다. 그 친구가 옆에서 훈련하는 걸 보면

'쟤도 하는데 왜 내가 못 할까?'라는 생각을 하면서 버틴다. 정말 힘든 행군이 그랬다. 내 앞에 동기가 열심히 걷는 거 보면서 나도 그냥 생각 없이 걸었다. 앞에 남은 길을 보면 힘들었다. 하지만 앞사람의 발만 보며 걸어서 끝까지 완주할 수 있었다.

나는 아침을 내가 좋아하는 일로 시작했다. 아침에 일찍 일어나서 회사 가기 전에 나의 취미 생활을 했다. 저녁에는 에너지가 다 돼서 별로 하고 싶지 않았다. 그래서 아침을 선택했다. 아침에 조금 일찍 일어나기 시작했다. 내가 하고 싶은 걸 하기 위해 일어나는 아침은 나를 매일 설레게 했다.

아침마다 내가 좋아하는 음악을 들었다. 그리고 좋아하는 음료도 마신다. 그렇게 행복한 아침을 시작했다. 일어나기 싫던 아침이 일어나고 싶은 아침으로 바뀌었다. 내가 좋아하는 것을 하다 보니 일상이 행복해졌다. 매일 똑같을 것으로 생각했던 일상이 바뀌었다.

아침에 내가 원하는 것을 하다 보면 좋은 점이 있다. 내가 내 일상을 제어하는 느낌이 든다. 그렇게 모든 일을 내가 제어할 수 있다는 기분이 든다. 그런 일상이 쌓이다 보니 점점 행복해졌다. 나의 미래가 바뀔 것 같은 기분이 들었다.

부정적인 생각을 하면 행복하기 어렵다. '나는 외모가 별로야.', '나는 멍청해.' 등과 같이 나를 괴롭히는 말을 하면 우울감이나 불안과 관련된 대뇌를 자극한다는 미국 연구 결과도 있다. 반대로 긍정적인 생각은 뇌에 유익한 자극을 준다. 나를 우울하고 불안하게 만드는 건 나의 생각이다. 반대로 말하면 나를 행복하게 만드는 것도 나의 생각이다.

내가 아침마다 감사일기를 적는 것도 같은 이유이다. 감사할 일을 찾다 보면 내가 보는 환경이 모두 다 감사해 보인다. 긍정적인 생각을 하게 만든다.

나는 아침마다 강을 따라 출근한다. 강에는 오리 떼가 있다. 오리 떼를 보면 그렇게 행복하다. 새끼 오리들이 엄마 오리를 졸졸 따라다닌다. 추운 겨울날에도 오리들은 물속에 들어갔다 나왔다 한다. 그걸 보는 나는 소소한 행복을 느낀다. 매일 아침 출근길이 행복했다. 아침에 오리가 보이지 않으면 아쉬웠다. 오리들이 어디 잡혀갔나 하는 생각이 들기도 했다. 하지만 다음 날 보면 또 오리들이 왔다. 또 금방 입가에 미소가 번졌다.

우리 회사 입구 쪽 길은 벚꽃길이다. 봄이 되면 벚꽃이 엄청나게 핀다.

그리고 개나리도 많다. 점심 먹고 회사 옥상에서 아래를 내려다본다. 노란색, 분홍색이 섞여서 엄청 예쁘다. 다른 사람들은 점심 먹고 쉬러 내려가기 바쁘다. 점심 먹고 쉬어도 쉬는 게 아니다. 마음이 복잡하고 정신이 다른 데 가 있어서 제대로 쉴 수가 없다.

주변을 둘러보고 작은 행복을 찾아야 한다. 사람들은 대부분 오리를 보지 못하고 지나친다. 그저 회사 가기 바쁘다. 옥상에서 예쁜 풍경을 보지 못한다. 주변을 둘러보면 이렇게 가까이에 아름다운 것이 있다.

나는 항상 주변에서 행복한 일을 찾으려고 생각한다. 주변을 보다 보면 생각보다 행복한 일이 많다. 나이가 들면 꽃이 그렇게 예뻐 보인다고 한다. 그렇게 꽃 사진을 찍는다. 프로필 사진에 꽃을 올리시는 부모님들이 많아지는 것도 그 이유인 듯하다.

친구들과 여행 가면 친구들끼리 사진 찍기 바빴다. 어느 날 휴게소에 들렀는데 꽃이 진짜 예쁘게 핀 것을 봤다. 친구 몇 명이 꽃 사진을 찍기 시작했다. 우리도 나이가 들었나 싶었다. 그 예쁜 꽃을 사진 찍어서 소중한 사람들에게 보내줬다. 사람들이 보면서 너무 예쁘다고 기분이 좋다고 말해준다. 이렇게 사소하게 보이는 것들로 갑자기 기분이 좋아지기도 한다.

사소한 것들을 생각하는 것이 긍정적인 결과를 가져온다. 우리의 뇌에도 유익한 자극을 준다. "생각은 곧 말이 되고 말은 곧 행동이 되며, 행동과 습관으로 굳어지고, 습관은 성격이 되어 결국 운명이 된다." 찰스 리드가 한 명언이다. 바꿔 말하면 내 생각을 고치면 습관도, 성격도 고칠 수 있다는 것이다. 그렇게 운명이 바뀐다는 뜻이다. 내 생각만 고쳤는데 운명이 바뀐다면 한번 해볼 만하다.

가장 쉽게 운명을 바꿀 수 있다고 생각한다. 하루에 일어나서 내가 생각하기에 따라 하루가 바뀐다. 그것도 아주 행복한 하루로. 그렇다면 도전하지 않을 이유가 없다. 군대에서도 생각을 바꿨더니 매일 아침이 행복했다.

나의 아침을 행복하게 시작하는 것은 어렵지 않다. 매일 똑같을 것 같은 일상이지만 '오늘도 무슨 행복한 일이 일어날까?'라고 생각하며 시작하는 하루는 결국 매일 행복한 일상을 만든다. 그렇게 운명이 바뀐다. 끝까지 행복한 인생을 살 것이다.

07

행복은 내 안에 있다

"내면이 풍요로운 사람은 밖에서 받을 것이 없다. 오로지 방해받지 않을 여가라는 소극적인 선물이 필요할 뿐. 여가 시간에 자기 내면의 역량을 발전시키고, 성숙시키며 자신의 풍요를 즐긴다. 그에게는 자기 자신이 될 수 있는 시간만 주면 된다." 쇼펜하우어의 명언이다.

내면이 풍요로운 사람은 밖에서는 받을 수 있는 게 별로 없다. 이미 내가 원하는 것이 어디 있는지 알고 있다. 그리고 그것을 얻기 위해서는 시간이 필요할 뿐이다. 진정으로 원하는 건 밖에 있지 않다. 내면의 목소리를 들어야 한다. 나의 행복을 밖에서 찾으려고 하는 사람들은 평생 행복을 찾아다닌다.

자신을 행복하게 하는 방법을 아는 사람들이 있다. 이 사람들은 모든 것을 잃어도 이 방법만 잃지 않으면 좋겠다고 했다. 모든 것을 잃어도 행복한 방법을 알고 있다면, 행복을 찾고 다시 잃은 것들을 찾아가면 된다. 행복한 방법을 모르는 사람은 자신을 챙기지 못한다. 그래서 결국 무너지기 쉽다.

자신이 행복한 것을 알기 가장 쉬운 방법이 있다. 자기가 좋아하는 일이 무엇인지 고민해보는 것이다. 자신이 무언가를 할 때 시간 가는 줄 모르는 일이 있다. 그것이 자기가 좋아하는 일이다. 그것을 할 때 행복하게 일을 할 수 있다.

자기가 좋아하는 취미를 찾는 것도 좋다. 나는 취미가 게임이었다. 친구들과 같이 게임을 할 때면 시간 가는 줄 몰랐다. 어릴 때는 피시방에서 밤을 새우기도 했다. 친구들과 술을 마시고도 마지막은 피시방으로 향했다. 그 정도로 게임이 좋았다. 어느 순간 취미가 바뀔 때도 있다. 나는 라식 수술하고 피시방과 멀어졌다. 그렇게 다른 취미를 찾기 시작했다. 요즘은 독서를 한다. 새로운 취미를 찾았다. 처음부터 재미가 있었던 건 아니다.

내가 관심 가는 책을 찾기 시작했다. 먼저 서점으로 갔다. 서점에서 내가 제일 관심 있는 분야로 가서 책을 골랐다. 책을 사 왔더니 나에게 읽기 어려운 책이었다. 그래서 또 독서와 멀어졌다. 이번에는 방법을 달리했다. 서점에서 관심 있는 분야의 책을 10권 골랐다. 그리고 안에 목차를 살펴보았다. 내가 재밌어할 만한 책을 5권으로 줄였다. 목차 중에서 1~2개를 골라서 읽어보았다. 쉽게 읽히는 책 2권을 샀다. 쉽게 읽다 보니 책이 재밌어졌다. 그렇게 독서를 시작할 수 있었다.

사람들은 시간이 없어서 취미를 갖지 못한다고 한다. 시간은 만들어내기 정말 쉽다. 나도 책을 읽기 시작했을 때 시간이 없다고만 했다. 아침에 30분씩 빨리 일어나기 시작했다. 일부러 시간을 만들었다. 나의 내면의 역량을 발전시키기 위해서였다. 그렇게 시간을 만들다 보니 저녁에도 만들 수 있었다. 그리고 회사에서도 만들었다. 점심을 먹고 점심시간 30분을 이용했다. 그렇게 취미 생활을 하다 보니 회사 점심시간은 행복했다.

그러다 보니 오후 업무에도 잘 집중할 수 있었다. 물론 강압적으로 하진 않는다. 졸릴 땐 자고 다른 일을 하고 싶을 땐 다른 일을 한다. 단지 취미 생활일 뿐이다. 취미 생활이 일처럼 느껴지면 포기한다. 취미 생활은 취미로 남겨둬야 한다.

친구의 행복한 취미는 음식 먹을 때라고 했다. 회사 생활에 지쳐서 저녁에 맛있는 음식을 먹으면서 스트레스를 푼다. 음식을 먹다 보니 요즘은 베이커리에 관심이 생겼다고 한다. 그렇게 베이커리를 배우며 케이크를 만든다고 했다. 자신의 취미가 늘어났다. 나중에는 케이크 집을 차려보고 싶다고 한다. 자기가 좋아하는 일을 찾은 것 같다.

취미 생활을 하다 보면 자기가 좋아하는 일을 찾을 수 있다. 그렇게 본업이 바뀌기도 한다. 사람들은 정해놓은 일상을 살아왔다. 교육 과정을 순서대로 밟아왔다. 정해놓은 일상 속에서 살다 보니 '나'를 몰랐다. 사회가 정해준 대로 잘 따라왔다. 그런 사회에서는 진정 내가 원하는 것을 찾을 수 없었다. 미국에서는 교육 과정에서 '본인이 잘하는 것'을 찾아준다고 한다.

"너는 이걸 잘하는데 한번 해보는 게 어때?"라고 해준다. 그렇게 자기가 잘하는 것을 찾고 좋아하는 일을 하며 살아가게 된다. 반대로 일본에서는 약점을 이겨내라고 알려준다. 본인이 못하는 것을 이겨내기 위해서 노력한다. 잘하는 것과 못하는 것에 들어가는 시간은 똑같다. 하지만 본인의 마음 상태가 다르다. 잘하는 것을 할 때 보내는 시간은 행복할 것이다. 못하는 것을 이겨내려고 보내는 시간은 아마 힘들 것이다. 그렇게 시간을 보내다 포기할지도 모른다. 약점을 이겨내면 가장 큰 무기가 되긴 한다. 하지만 그 시간이 너무 고통스럽다. 잘하는 것을 찾지도 못했는데, 못하는 것을 이겨내야 한다니!

우리나라는 똑같은 교과 과정 속에서 커간다. 누가 무엇을 잘하는지 모르고 자란다. 성인이 된 자신도 자신이 무엇을 잘하는지 모른다. 남들이 하는 대로 하다 보니 성인이 됐다. 몸만 성인이 된 것이다. 아직도 누군가가 길을 정해줬으면 좋겠다고 생각한다.

나도 고등학교를 졸업하면서 대학교에 진학할 때 그런 생각을 했다. 누군가가 내 미래를 정해줬으면 좋겠다고 생각했다. 대학교 학과 선택을 정해주고 다음은 취업을 정해줬으면 좋겠다고 말이다. 그렇게 나는 부모님이 정해준 학과로 대학교에 들어갔다. 하지만 실제로 대학교에 가보니 내가 선택했어야 했다는 사실을 깨달을 수 있었다. 내가 공부하는 과목들이었다. 내가 흥미가 생기지 않으면 공부가 재미가 없다. 정해준 사람이 인생을 대신 살아줄 수 없다. 미래에 아무리 유망하다 해도 내가 흥미가 생기지 않으면 공부하지 않는다. 그리고 취업은 내가 선택하는 것이었다. 흥미가 생기지 않은 과목들을 배우고 취업하기는 너무나 어려웠다.

내가 좋아서 하는 과목들이 필요했다. 나는 관심 가는 과목들의 자격증 공부를 했다. 내가 원하는 자격증을 땄다. 원하는 자격증으로 취업을 시도했다. 취업을 도전하는 게 재밌어졌다. 그렇게 취업할 수 있었다.

나는 대학을 늦게 간 편이었다. 대학에 먼저 간 친구들은 무조건 말했다. "정말 네가 관심 있는 학과에 진학해야 한다. 아니면 진짜 포기한다. 너무 대학교가 재미가 없다." 나는 처음에 무슨 말인지 몰랐다. 그래서 주위에서 좋다는 학과에 입학했다. 대학교에 다니다 보니 알게 되었다. 나도 주변 동생들에게 말한다. "네가 좋아하는 과목을 배우는 대학교로 가야 해."라고. 아마 동생들도 나와 같은 선택을 할 것 같다. 본인이 경험해보기 전까지는 잘 모른다. 나도 똑같았기 때문이다.

내가 스스로 결정해본 적이 없어서 그렇다. 어릴 때부터 남이 정해주는 삶을 살아왔다. 주위에서 보내는 학원이 내가 다니는 학원이 됐다. 주위에서 해야 한다는 일이 내 일이 됐다. 그렇게 밖에서만 나를 찾았다.

주위에서 무언가를 하면 마음이 급해진다. 나도 그것을 해야 할 것 같은 기분이다. 안 하면 뒤처지는 느낌이다. 그렇게 자신이 좋아하지도 않는 일을 시작하게 된다.

일체유심조(一切唯心造)라는 말이 있다. 모든 것은 오직 마음으로부터 만들어진다는 말이다. 행복은 내 마음속에서 만들어진다. 내가 진정 원하는 행복이 무엇인지 찾아야 한다. 남에게 맞춰진 행복은 오래가지 못한다.

행복은 멀리 있지 않다. 밖에 있는 것이 아니라 내 안에 있다. 나의 마음이 원하는 일을 할 때 진정한 행복이 찾아온다. 원하는 일을 하다 보면 설레는 아침을 맞이할 수 있다. 눈을 뜨면 오늘도 행복한 일을 시작할 수 있기 때문이다. 내 마음속에서 원하는 일이 무엇인지 찾아보는 건 어떨까?

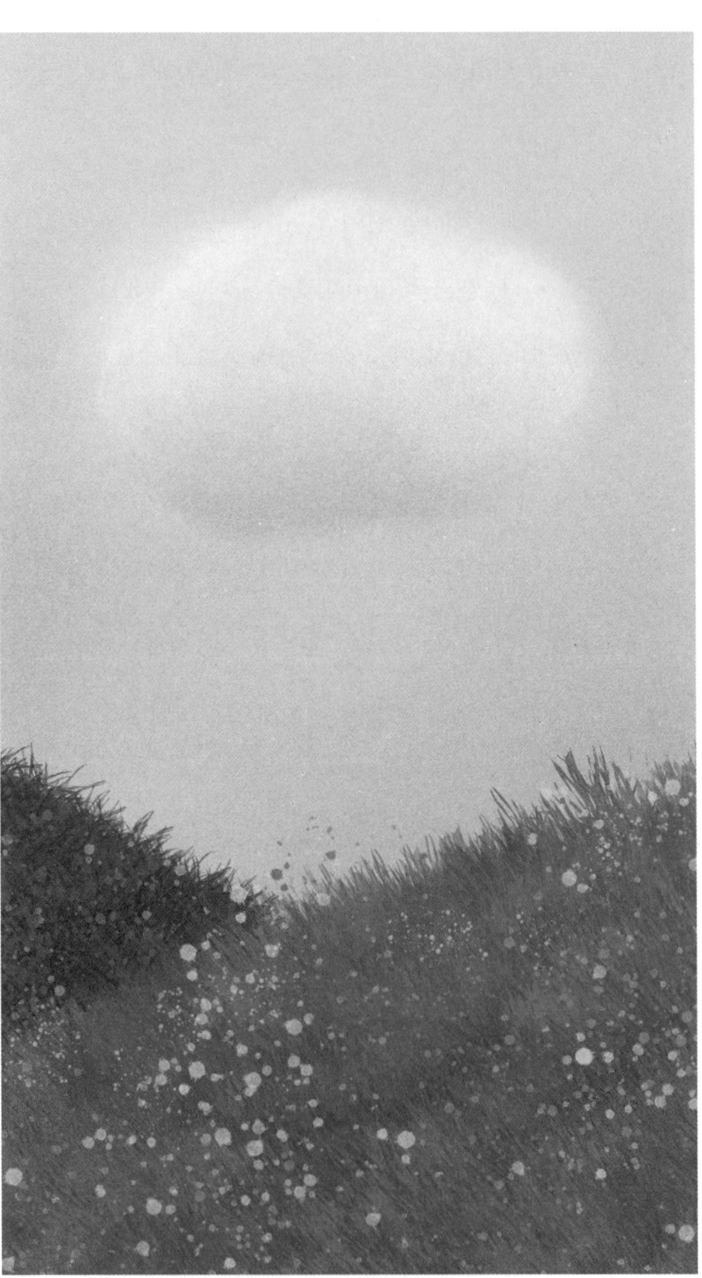

3장

너무 완벽해지려고 애쓰지 말기

01

너무 완벽해지려고 애쓰지 말기

완벽주의자들은 보통 시작이 어렵다. 완벽한 환경이 준비되어야 시작할 수 있다고 생각한다. 완벽한 환경을 준비하다 보면 하나씩 부족한 점이 보인다.

나는 유튜브를 하고 싶었다. 유튜브를 찍기 위해 생각을 해봤다. 찍으려면 카메라, 마이크, 조명, 편집할 컴퓨터 등등 많은 것이 필요하다고 생각했다. 그래서 하나씩 찾아봤다. 유튜브용 가성비 카메라를 검색했다. 그렇게 1주일이 걸렸다. 많은 후기를 읽어보고 하나 선택했다. 선택하고 나니 다른 카메라가 더 좋아 보였다. 아직도 고민한다. 다음은 마이크를 검색했다. 유튜버들은 무슨 마이크를 쓰는지 알아봤다. 이 마이크는 어떻고 저 마이크는 어떻고 말이 많았다. 마이크 결정도 1주일이 걸렸다. 두 개를 결정하는 데 2주가 걸렸다. 아직 주문도 못 했다.

주변에 유튜브 하는 사람들을 봤다. 그 사람들은 일단 핸드폰으로 찍었다. 카메라가 중요하지 않았다. 내가 유튜브를 시작해보는 게 먼저였다. 그리고 조금 부족하면 그때 사면 된다는 마인드였다. 나는 그렇게 유튜브 영상을 한 개도 못 찍었다. 핸드폰으로 시작한 사람은 유튜브를 1주일에 하나씩 올렸다. 그렇게 벌써 두 개의 영상이 올라왔다. 시작하다 보니 마이크가 필요해서 저렴한 마이크 하나 샀다고 했다. 마이크를 샀더니 만족스럽다고 한다.

나는 완벽한 상황을 위해 계속 생각만 했다. 실천도 하지 않으면서 완벽한 상황이 오기만을 기다렸다. 그렇게 아직까지도 유튜브를 시작하지 못했다. 모든 것을 완벽하게 준비하고 시작할 순 없다. 완벽하지 않은 채로 시작한 일이 더 많다. 이처럼 우리는 시작을 한 다음 필요한 것을 하나씩 늘려가야 한다. 남들은 말을 쉽게 하는 편인 것 같다. 유튜브를 찍으려고 해보니 나에게는 대본이 필요했다. 나는 대본이 없으면 할 말이 생각나지 않는다. 그래서 또 완벽한 대본을 생각하다 보니 시작하지 못했다.

그래서 블로그를 시작했다. 부족하지만 글을 써보기 시작했다. 블로그에 글을 쓰면서 자신감이 늘었다. 내가 원하는 분야의 글을 쓸 수 있었다. 처음엔 주제 없이 내 생각만 썼다. 매일 일기처럼 썼다. 누가 보지 않아도 좋았다. 나는 그렇게 나의 완벽한 글쓰기의 두려움을 이겨내고 싶었다. 가끔 블로그에 사람들이 내 글을 보고 간다. 가끔 달리는 댓글이 나에게 힘이 된다. "글 되게 잘 쓰세요. 힘내세요." 말 한마디가 나에게 힘이 된다. 물론 나는 글을 잘 쓴다고 생각하지 않는다. 사람들의 응원이 나를 행복하게 했다. 나중에 유튜브 대본도 쓸 수 있을 것 같다. 그렇게 나는 용기를 얻었다.

완벽하게 시작하려고 했다면 블로그를 시작도 못 했을 것이다. 아마도 나는 아직도 블로그를 꾸미고 있을 것 같다. 나의 블로그는 허접하다. 누가 봐도 꾸며놓은 블로그가 아니었다. 그래도 나는 시작했다. 블로그를 시작하면서 조금씩 바꿔나갔다. 블로그 꾸미기도 공부하게 됐다. 처음에 없던 프로필도 생겼다. 점점 블로그처럼 보인다. 그렇게 하나씩 하다 보니 블로그가 바뀌었다.

처음부터 완벽한 상황은 주어지지 않는다. 언제 시작하느냐가 중요하다. 시작해서 고쳐나가면 된다. 누가 보면 어떻게 이렇게까지 했나 싶을 듯하다. 나는 블로그에 1일 한 개의 글쓰기를 시작했다. 벌써 글이 45개가 넘었다. 그렇게 매일 조금씩 하다 보니 45일이 지났다.

지금의 직장이 나의 첫 직장 생활이다. 의욕이 넘친 나는 내가 맡은 일에서 완벽해지고 싶었다. 일을 빨리 배우고 싶었다. 심지어 성격도 급했다. 일을 잘 모르면서 성격만 급하다 보니 실수가 잦았다. 나는 여러 가지 일을 동시에 다 하고 싶어 했다. 팀장님께서 말씀하셨다. "하나만 제대로 하고 그다음 일을 했으면 좋겠다." 그렇게 하나만 제대로 하기로 했다. 익숙해지니 다음 것도 제대로 할 수 있었다. 이제는 동시에 여러 가지 일을 해도 해낼 수 있다.

나에게는 가끔 완벽주의 성향이 나타난다. 어떤 일을 할 때 실수가 있으면 자책이 심하다. 주변에서 괜찮다고 해도 나의 실수가 너무 싫었다. 실수한 날에는 종일 우울했다. 집에 가서도 생각이 났다. 그 실수가 계속 생각나서 다음날에는 다른 실수가 나왔다.

나는 마음을 바꿨다. '같은 실수를 세 번 하지 말자.' 그러자 실수해도 조금은 마음이 편했다. 그리고 다음번에는 같은 실수를 되풀이하지 않기로 다짐했다. 사람은 실수를 할 수도 있다. 거기에서 배우면 된다. 같은 실수가 세 번 반복되지 않으면 된다. 세 번이 반복되면 그때는 실수가 아니다. 정신을 차리지 못한 나의 잘못이다.

"완벽하지 않아도 85% 정도 괜찮다 싶으면 넘기고 다음 일을 하세요. 완벽하게 한다고 한없이 붙잡고 있는 거, 좋은 거 아닙니다. 왜냐하면 완벽이라는 것은 내 생각 안에서만 완벽한 거니까요." 혜민 스님의 말씀이다. 완벽이라는 기준은 내가 만든 기준이다. 주변 사람들이 보기에 '저 정도면 완벽한데?'라고 생각할 때가 많다. 나의 기준에 완벽히 하려고 하다 보니 계속 일을 붙잡고 있다.

내가 생각한 정도의 85% 정도만 괜찮다 싶으면 넘기는 것이다. 내 기준이 너무 높아서 85% 정도만 해서 보여줘도 된다. 그 정도면 최선을 다한 것이다. 완벽히 하려고 하면 계속 부족해 보인다. 부족함을 채우려면 끝도 없다. 일단 끝내놓고 나중에 피드백 받은 부분을 수정해야 한다. 계속해서 이 일을 잡고 있으면 다음 일도 밀린다.

나는 완벽하게 시작하려고 하다 보니 의욕을 잃었다. 계속 마음속으로만 생각했다. 그러다 보니 누워서 핸드폰 하는 시간이 많아졌다. '완벽한 상황이 올 거야.'라는 생각으로 기다리기만 했다. 완벽한 상황은 오지 않았다. 내가 만들려고 하지 않았으니.

의욕을 잃고 핸드폰만 하다 보니 더 늪에 빠졌다. 자괴감의 늪에 빠진 것이다. 나 스스로 부끄러웠다. 하지만 의욕은 생기지 않고 점점 더 깊이 빠져들었다. 그렇게 지내다 보니 자신감도 사라졌다. 아무것도 하지 않는 나 자신이 계속해서 싫었다. 나는 바뀌려고 했다. 완벽한 상황도, 완벽한 조건도 나의 기준이었다. 기준을 많이 낮췄다. 일단 실행이 중요하다고 생각했다.

가장 성공한 사람들도 맨 첫 도전은 실행이었다. 달에 처음 가려고 했던 사람도 완벽하게 시작하려고 했다면 못 했을 것이다. 달 탐사선을 한 번에 달에 착륙시키려고 했다면 완벽을 추구하다가 프로젝트가 끝났을 것이다. 달 탐사선을 몇 번 쏘아본 결과 실수를 수정했다. 그렇게 인류는 달을 탐사할 수 있었다.

시도하다 보면 원하는 것을 이룰 수 있다. 원하는 것을 이루고 수정하다 보면 완벽해진다. 결국 그렇게 성공한다. 처음부터 완벽한 달 탐사가 없듯이. 다들 그렇게 시작한다. 처음에 해본 실행이 결국 큰 원동력이 된다. 계속할 힘이 생긴다. 아무도 못 할 거라고 했던 달 탐사를 결국 했다. 남들이 못 할 거라고 했던 일들도 많은 사람은 해내고 있다. 그들의 시작은 분명 초라했다. 하지만 지금 그들은 정상에 있다.

초창기 〈무한도전〉을 본 사람들은 알 것이다. 그들의 〈무한도전〉은 〈무모한 도전〉이었다. 〈무모한 도전〉을 하다가 〈무한도전〉이 되었다. 처음부터 〈무한도전〉이 있지 않았다. 그리고 처음부터 인기가 많진 않았다. 조금씩 하면서 인기가 생겼다. 〈무한도전〉도 대박을 터트리기 위해서 시작했다면 금방 포기했을 것이다. 포기하지 않는 사람이 원하는 것을 얻을 수 있다.

개인이 생각하는 기준이 너무 높다. 나의 기준을 조금만 낮춰주자. 낮은 기준을 맞추다 보면 나의 행복의 기준이 올라간다. 행복의 기준이 낮을수록 행복하다. 남들이 쉽게 행복한 이유가 있다. 그들의 기준은 생각보다 낮다. 그들은 피드백을 중요시한다. 일단 결과물을 만든다. 그리고 수정해나간다. 수정하는 걸 부끄러워하지 않는다. 우리 모두 완벽한 사람은 없으니까.

너무 완벽해지려고 애쓰지 말자. 본인의 85%만 보여줘도 된다. "어떻게 이렇게까지 했어요?"라고 말할 것이다. 우리가 추구하는 완벽은 개인적인 담장이 너무 높다. 담장의 높이를 조금 낮추자. 담장을 낮추고 일을 마무리하자.

02

있는 그대로 받아들이기

초등학교 졸업하고 처음 중학교에 들어간 나는 설레는 마음으로 교실 의자에 앉았다. 우리 교문은 공용이었다. 교문에서 남자와 여자 모두 등교했다. 운동장에도 남, 여가 섞여 있었다. 그래서 당연히 공학인 줄 알았다. 반에 앉아서 기다리는 데 남자만 등교했다. 그때 처음 알았다. 남중이 있다는 것을.

우리 중학교는 운동장을 공용으로 건물이 마주 보고 있다. 한 건물은 남중, 다른 건물은 여중이다. 나는 남중이라는 것이 처음에는 어색했다. 하지만 조금 지나자 점심시간과 체육 시간에는 너무나 편했다. 옷 갈아입을 때도 교실에서 입을 수 있었다. 체육이 끝난 후 등목할 때 눈치를 보지 않아도 됐다.

중학교 3학년 때 사춘기가 왔다. 각자 반 배정이 나고 등교 첫날이었다. 나는 사춘기가 와서 그런지, 아니면 남자들만 있어서 그런지 강해 보이고 싶었다. 그래서 항상 인상을 쓰고 다녔다. 그러면 강해 보이는 줄 알았다. 이 착각은 꽤 오래갔다. 4월까지 인상을 쓰고 다녔다.

친구 중 한 명이 나에게 물었다. "너는 인상을 안 쓰고 다니면 되게 순하게 생겨서 멋져 보이는 데 왜 인상을 쓰고 다녀?"라고 했다. 나는 순하게 생겼다는 말이 싫었다. 그래서 나는 조금 더 인상을 쓰고 다녔던 것 같다. 나중에 친구들과 친해지고 나니 점차 나의 얼굴을 찾을 수 있었다. 강해 보이지 않아도 친구가 생겼다. 나는 그렇게 나 그대로의 자신을 보여주지 못했다.

나는 중학교 때 조금 더 빨리 친구들과 친해질 수 있었다. 내가 있는 그대로 나를 보여줬으면 좋았을 것 같다. 친구들이 다가오기도 힘들었다고 했다. 매일 화나 있는 표정이어서 무슨 일이 있는 줄 알았다고 했다. 나는 바보 같은 행동을 했다. 나의 모습을 그대로 받아들이지 못했다.

있는 그대로의 모습을 보여줘도, 내 모습을 감춰도 비슷한 사람들끼리는 모이게 된다. 나는 어려서 그걸 몰랐다. 남학생들만 모여 있으니 강해 보이면 좋은 줄 알았다. 아무도 나를 건드리지 않을 것 같았다. 우리 반 학생들이 가장 착했다. 누구도 서로 괴롭히지 않았다. 그것도 모르고 나는 나를 숨겼다.

우리는 있는 그대로 보여줘야 한다. 요즘 면접 추세도 같다. 숨기려고 하는 면접자들을 면접관들은 알아본다. 있는 그대로의 모습을 보여주지 못하는 사람들은 떨어진다. 본인이 가진 게 부족해도 자신감 있게 보여준다면 붙을 수 있다.

내가 회사 면접을 보러 다녔을 때였다. '말 잘 듣는 이미지로 보여서 뽑히자.'라는 생각이 컸다. 그래서 나는 나를 숨겼다. 그래서 계속 떨어졌다. 서류가 붙은 마지막 회사에서 연락이 왔다. 마지막이라는 생각에 모든 걸 내려놓고 갔다. 나의 자기소개서에 관한 질문만 준비했다. 즉석에서 받는 질문에 나 자신을 보여줬다. 그렇게 합격할 수 있었다.

사람은 모두 진정한 자아를 숨긴다. 남이 알아채면 부끄러울 것 같다고 생각한다. 나도 그랬다. 그래서 나를 숨겼다. 숨겼더니 손해만 컸다. 결국에 가면은 벗겨지기 때문이다. 처음 연애를 시작할 때는 모두 가면을 쓴다. 1년, 2년이 지나면 가면이 벗겨진다. 그렇게 서로 변했다고 생각하며 헤어진다. 변한 게 아니라 그게 원래 모습이다.

중학교 3학년 때 담임 선생님은 여중에서 오셨다. 바로 앞 건물에서 근무하셨다. 그러고 처음으로 남중에 오셨다. 여중 때 청소 후 검사하실 때 악마였다고 했다. 머리카락 하나 나오면 "다시 해!"라고 끝없이 외치셨다고 했다.

남중에 오시고 나서 바뀌셨다. 처음에는 우리가 변하길 원하셨다. 매일 "다시 해!"라고 외쳐도 똑같았다. 선생님도 지치고 학생도 지쳤다. 결국 선생님은 포기하셨고 우리를 그냥 받아들였다. 어떻게 해도 머리카락 하나 나오지 않게 청소할 수는 없었다. 남중 친구들은 그렇게 청소해본 적이 없었다. 다들 청소 시간 되면 쓸고 닦고 집으로 가기 바빴다.

가끔은 남을 받아들이지 못할 때도 있다. 그 사람의 있는 그대로의 모습이 나와 안 맞을 수도 있다. 어쩔 수 없이 부딪히는 사람이고 그 사람이 바뀌지 않으면 내가 변해야 한다. 하지만 사람은 쉽게 고쳐질 수도, 변할 수도 없다. 그래서 맞지 않는 사람과는 거리를 두는 게 좋다.

친구들은 맞지 않으면 골라 사귈 수 있었다. 하지만 사회에서는 그렇지 않았다. 나와 맞지 않는 사람과 일해야 했다. 처음엔 힘들었다. 나와 맞지 않아서 서로 부딪히는 경우도 많았다. 나는 내가 이해하기로 하고 마음을 편하게 먹었다. 그 사람 자체를 받아들이기로 했다. 마음속으로 '그럴 수도 있지.'를 매일 말했다. 요즘은 맞지 않는 사람들과도 일을 잘 한다. 매번 속으로 말하면서 마음이 편해졌다. 서로가 다름을 인정했다.

나는 아침마다 10~20분씩 명상을 한다. 내 속에 있는 나와 만나기 위해 명상한다. 아직도 명상을 잘하진 못한다. 그냥 내 속에 있는 나와 이야기하는 시간이다. 그렇게 이야기하고 나면 내가 무엇을 원하는지 알게 된다.

사람들은 남은 잘 알아도 본인은 잘 모른다고 한다. 본인이 무엇을 좋아하는지, 자기가 잘하는 게 뭔지 잘 모른다. 명상을 통해 깨달아가고 있다. 나는 매일 생각한다. '내가 좋아하는 게 뭘까? 내가 잘하는 게 뭘까?' 그렇게 생각하다 보면 물음에 대한 답이 나온다.

사람들이 보통 나에게 무엇을 물어보는지 생각했다. 그게 내가 잘하는 것이었다. 그리고 아침마다 내가 설레서 일어날 수 있는 일이 무엇인지 생각했다. 그게 내가 좋아하는 일이었다. 그렇게 명상을 통해 내가 잘하는 일과 좋아하는 일을 찾을 수 있었다.

대부분의 사람은 바빠서 명상할 시간이 없다. 나는 그래서 30분씩 일찍 일어난다. 씻고 나서 명상을 한다. 명상하고 나면 마음이 편해진다. 머릿속에 지나다니던 생각들이 정리된다. 그렇게 나를 받아들이고 만나고 있다.

가끔 퇴근하거나 밖에서 안 좋은 일이 있을 때가 있다. 그럴 때는 자기 전에도 명상한다. 자기 전 하는 명상을 통해 나의 감정을 솔직하게 받아들인다. '내가 어떤 상황에 화가 났구나.', '내가 이런 행동을 싫어하는구나!', '남들이 이렇게 행동하면 다음에는 이렇게 대처해야지.'라고 생각을 한다.

나는 즉석에서 말을 잘 못 하는 타입이다. 그래서 토론도 잘 못 한다. 그래서 매번 무슨 말을 하려고 할 때는 정리해서 간다. 토론을 한다면 미리 주제에 대해 생각하고 간다. 그리고 예상 질문들을 뽑아간다. 나에 대해서 인정하지 않았다면 '왜 나는 토론을 못 하지?'라고만 생각했을 것이다.

사람마다 강점과 약점이 있다. 자기 자신을 있는 그대로 받아들여야 한다. 그렇게 강점은 키우고 약점은 극복해나가면서 성장하면 된다. 나의 약점이 요즘은 무기가 될 수도 있는 시대이다. 나의 약점을 극복한 이야기가 무기가 된다. 다른 사람도 나와 똑같은 약점을 가지고 있을 수도 있다. 그것을 극복한 사례로 사람들을 도울 수 있다.

상대방도 자신도 있는 그대로 받아들이는 연습을 해보자. 내가 중학교 때 사람들과 친해지기 오래 걸렸던 것처럼 받아들이지 못하면 손해가 더 크다. 세상에 나를 맞추려고 하다 보면 자신을 숨기게 된다. 세상과 맞지 않는 나를 보며 부끄러워한다.

"있는 그대로 받아들여라. 바꿀 수 있는 것은 바꾸고 현실을 수용하라. 자신을 사랑하라. 인정하라." 법륜 스님께서 말씀하신 내용이다. 있는 그대로 받아들이고 현실을 수용할 때 행복이 찾아온다고 하셨다. 우리는 쉽게 나의 행복을 찾아올 수 있다. 행복은 나를 사랑하고 인정하는 데서부터 시작한다. 우리의 가면을 벗고 진정한 나를 받아들이자.

03

함께 있어도 늘 외롭다

나는 주위에 여러 사람이 있지만, 문득 외로운 감정이 든다. 어떤 관계가 마치 나만 놓으면 끝날 관계라고 느껴지기도 한다. 한참 친구들과 재미나게 놀다 집에 들어오면 공허한 느낌이 들기도 한다.

나는 연애를 시작한 지 얼마 안 됐을 땐, 외롭다는 느낌이 없었다. 둘이 안 가본 곳도 가보고 먹고 싶은 것도 먹고 할 게 너무 많았기 때문이다. 연애가 익숙해지고 300일, 400일 넘어가면서 문제가 생긴다. 나의 연애에는 항상 보이지 않는 갑을 관계가 있었다.

남들은 말한다. "연애에는 갑을 관계가 없습니다."라고. 하지만 나는 분명히 보였다. 누군가는 강자고 누군가는 약자 같은 느낌이. 다른 사람은 말한다. 더 좋아하는 사람과 덜 좋아하는 사람이 있을 뿐이라고. 나도 이 말에 공감한다. 더 좋아하는 사람이 을의 처지가 되는 기분이다.

을의 연애는 항상 서럽다. 상대방의 눈치를 봐야 한다. 상대방이 싫어할 행동을 안 하려고 노력한다. 진정한 내가 없어지는 기분이다. 내가 싫어하는 행동을 해도 참게 된다. 말을 못 할 뿐이다. 말을 하면 괜히 관계가 어색해질까 봐.

연애를 오래하면서 느낀 점이 있다. 가끔 내가 놓으면 끝일 거라는 생각이 든다. 그런 연애를 하면서 나는 생각했다. '왜 연애를 하는데 나는 외로울까?' 이 물음에 대한 답은 그 연애가 끝났을 때 알았다. '그 사람이 나를 사랑하나?' 내가 너무 걱정하고 있었다. 이 사람이 아니면 안 될 것 같은 느낌 때문에. 헤어질까 봐 무서웠다.

헤어지고 나서 금방 평화를 찾았다. 그 사람이 아니어도 나는 잘 살 수 있었다. 오히려 내가 더 좋아했기에 미련이 없었다. 관계에 대한 후회도 없었다. 헤어지고 나서 후회가 남지 않는 사람은 없다. 하지만 후회가 덜 한 사람은 아낌없이 진짜 많이 좋아하고 미련 없이 사랑한 사람이다.

연애할 때 가장 중요한 것을 깨달았다. 소중한 사람이 옆에 있을 때 잘해야 한다는 점. 소중한 사람을 외롭게 두면 안 된다는 것. 내가 함께 있어도 외로웠기 때문에 깨달은 중요한 사실이었다.

연애를 해도 친구들을 만나도 외로운 감정은 있기 마련이다. 사람이기 때문에 외로운 것이다. 옛날에는 생존에 중요한 요소는 교류와 협력이었다. 그렇기에 아직 우리는 인간관계를 맺도록 세팅된 것 같다.

그래서 우리는 끊임없이 남들과 있으려고 노력한다. 새로운 관계를 추구하려고 노력한다. 이러한 노력이 도움이 될 때도 있다. 아이디어를 내고 문제를 해결할 때는 엄청난 도움이 된다. 하지만 외로움의 문제를 해결하는 데는 도움이 되지 않는다.

나는 친구들과 재밌게 놀고 와서 외롭다는 생각이 왜 드는지 곰곰이 생각해봤다. 나는 혼자 있는 것이 두려웠던 것 같다. 혼자 있으면 이런저런 생각을 하게 된다. 생각은 꼬리에 꼬리를 물고 나를 외로움의 늪 속에 빠뜨렸다.

나는 나의 취미를 찾기 시작했다. 혼자 있어도 외롭지 않고 다른 생각을 하지 않을 수 있도록. 그렇게 혼자 있을 때 책도 읽고 산책도 하고 운동도 했다. 혼자 있는 시간을 즐겼다. 그렇게 생각할 시간을 줄여나갔다. 생각할 시간이 줄어드니 외로운 감정이 조금씩 멀어졌다.

뇌는 단순하다. 한 가지에 집중하고 있으면 다른 생각을 잘하지 못한다. 걱정이 많은 사람들이 있다. 그 사람들에게 걱정을 줄여주는 방법은 몸을 바쁘게 하는 것이다. 녹초가 돼서 집에 와 쓰러져야 한다. 그렇게 몸이 바쁘면 생각할 시간이 없다. 그렇게 자연스럽게 걱정이 줄어든다.

나 혼자만의 시간에 익숙해지니 친구들을 만나도 이제 외롭지 않았다. 친구들과 함께 있다가도 집에 가면 내가 할 일이 있었다. 내가 좋아하는 취미들이 있었다. 취미를 찾음으로써 외로움이 해결됐다.

취미 찾기는 쉽다. 내가 좋아하는 일을 해야 한다. 하다가 싫증이 나면 안 하면 된다. 취미는 일이 아니다. 일처럼 생각하는 순간 취미가 아닌 게 된다. 취미도 하기 싫어진다.

나는 블로그에 글 쓰는 게 취미이다. 내 생각을 매일 일기처럼 적는다. 자연스럽게 생각이 정리된다. 글쓰기는 처음에 두려움을 없애는 게 제일 어렵다. '내가 글을 잘 쓸 수 있을까?'라는 두려움을 없애야 한다.

나는 이과를 나왔고 공대를 나왔다. 그래서 더욱 글쓰기와는 거리가 멀다. 요즘은 대학생도 책을 쓸 수 있는 시대이다. 그렇기에 글쓰기에 대한 두려움을 없애는 연습을 해야 한다. 처음에는 간단하게 일기를 써도 좋다. 일기를 쓰면서 내 생각을 정리하고, 글쓰기에 대한 두려움도 조금씩 사라진다.

나는 친구들과 해외여행을 가면 한 가지 지키는 사항이 있다. 하루는 각자 여행하기이다. 친구들과 일정을 짜다 보면 가고 싶은 곳이 서로 다르다. 누구는 여기, 나는 여기 이래서 모두의 의견을 반영할 순 없다. 그래서 보통 유명한 곳 위주로 다니게 된다. 그리고 다수의 의견에 따라 여행 일정을 짜게 된다. 친구들 모두 성향이 비슷하면 오히려 좋다. 모두가 좋아하는 여행 일정이 될 수 있기 때문이다.

우리는 그래서 하루는 종일 혼자 여행한다. 혼자 직접 여행 계획도 짠다. 서로 각자 먹고 싶었던 것을 먹는다. 함께 여행 갔던 곳 중 좋았다고 생각하는 곳에 다시 가기도 한다. 못다 한 쇼핑을 하는 친구도 있다. 우리는 쇼핑을 좋아하지 않기 때문이다. 어떤 친구는 신발 사는 게 취미이다. 그 친구는 꼭 해외여행에서 신발 파는 매장에 들린다. 꼼꼼히 찾아본다.

나는 해외여행을 가면 시골 같은 풍경이 있는 곳을 찾는다. 마음을 평온하게 해주는 곳이 너무나도 좋다. 사람들이 없어도 재미난 놀 거리가 없어도 된다. 바다나 산, 맑은 하늘만 있으면 된다. 그렇게 종일 걷고 구경하다 보면 마음이 편해진다. 사람들에게 둘러싸여 있는 세상에서 떨어진 기분이다. 복잡한 인간관계에서 벗어난 기분이 든다.

혼자 하는 여행은 아침 일찍부터 시작된다. 전날 저녁을 먹고 각자 일정을 짠다. 새벽부터 나가는 친구, 일정 때문에 못 잤던 잠을 자고 점심쯤 일어나는 친구도 있다. 그렇게 혼자만의 시간을 보내고 저녁 식사 시간에 다시 모인다. 그렇게 모인 우리는 같이 다녔던 여행만큼 행복한 표정으로 돌아온다.

각자 어디 갔었는지 이야기하다 보면 저녁 시간이 또 순식간에 사라진다. 나중에는 이야기할 게 많지 않다. 누가 어딜 갔을지 뻔하다. 누구는 신발 사러 갔을 것이다. 나는 분명 산이나 바다를 보러 갔을 것이다. 어떤 친구는 집에서 종일 쉬었다. 그래도 각자만의 여행 시간은 너무나 행복하다. 나는 친구끼리 여행을 자주 다니는 사람들에게 꼭 추천한다. 여행 스타일이 맞아도 안 맞아도 종일 혼자 지내는 여행을 떠나보라고.

연애 명언에 이런 말이 있다. 솔로는 외롭다. 커플은 좀 더 외롭다. 결혼하면 안 외로워질 줄 알았는데 더 외롭다. 인간은 원래 외로운 동물이다.

인간은 혼자 있어도, 함께 있어도 늘 외로운 동물이다. 그래서 혼자 서는 법에 익숙해져야 한다. 나의 취미를 찾고 혼자 서는 게 익숙해지면, 함께여도 외롭지 않다.

친구들과 함께 있는 자리는 잠시나마 외로움을 잊게 해준다. 하지만 그뿐이다. 진정한 외로움은 사라지지 않는다. 나 혼자 있어도 외롭지 않을 때 남들과 있어도 외롭지 않다. 홀로서기에 익숙해져야 한다.

04

가끔 넘어져도 괜찮아

김연아 선수는 13년 동안 훈련을 하면서 헤아릴 수 없을 만큼 엉덩방아를 찧었다. 그렇게 성장하면서 최고의 피겨 선수가 되었다.

성장에는 성장통이 항상 따라온다. 키가 크는 아이에게는 성장통이 온다. 아기는 처음 이가 나려고 할 때 많이 운다고 한다. 이가 나려고 아픈 것이다. 무언가를 이루기 전에는 항상 성장통이 존재한다. 성장통을 잘 이겨낸 사람만이 엄청난 성장을 이뤄낼 수 있다.

성공한 사람들은 모두 엄청난 시련을 겪었다. 에디슨은 전구를 만들기 위해 수천 번의 실패를 겪었다. 실패는 성공의 어머니라고 했다. 그렇게 에디슨은 전구를 만들었다. 포기하지 않고 끝까지 한 결과 성공했다.

하지만 넘어져서 배우는 것들도 있다. 이 길이 내 길이 아님을 알 수 있다. 나는 초등학교 때 반에서 달리기 2등을 했다. 나는 달리기를 잘하는 줄 알고 있었다.

초등학교 체육대회가 다가왔다. 우리 반 1등은 계주 선수로 나갔다. 나도 한 번쯤은 뛰어보고 싶었다. 연습 때 우리 반 1등이 아파서 내가 한 번 뛰게 됐다. 경기 때 상대방 뛰는 선수와 나는 격차가 엄청 났다. 그 상대방 선수는 우리 초등학교 1등이었다. 우리 팀은 그 격차를 메꾸지 못하고 졌다. 나는 벽을 느꼈다. 그때 달리기를 포기했다.

중학교 때는 오래달리기라는 종목을 하고 나는 달리기보다는 오래달리기를 잘하는 것을 깨달았다. 중학교 1학년 때 반 3등을 했다. 난 분명 시간상으로는 제일 높은 등수일 거라고 생각했다. 그런데 3등이었다. 앞에 1, 2등은 오래달리기 선수였다. 1등은 무려 부천시 7등의 선수 출신이라고 했다. 선수들은 다르다는 것을 느꼈다. 하지만 오래달리기는 포기하지 않았다. 오래달리기는 재밌었다. 가끔 연습하며 지냈다. 중학교 2학년 땐 2등, 3학년 땐 반에서 1등을 할 수 있었다.

고등학교에 올라와서도 나의 오래달리기 사랑은 계속됐다. 고등학교 체력시험 때 나는 팔이 부러졌다. 그래서 다른 종목은 하나도 참가하지 못했다. 하지만 자신 있는 오래달리기는 하고 싶었다. 초록색 깁스를 하고 달리는 모습이 웃겼다고 한다. 하지만 그렇게 팔을 휘저으며 달려 난 또 1등을 했다. 중학교 때 포기했다면 몰랐을 나의 특기였다.

나의 특기는 군대에 가서도 계속됐다. 군대에서도 체력시험이 있었다. 3km 달리기에서 12분 30초 안에 들면 특급을 준다. 평소 체력시험에서 나는 항상 12분 30초 턱걸이로 특급을 받았다. 하지만 1등은 아니었다. 나는 오래달리기만큼은 항상 1등 하고 싶었다. 그러던 체력시험 날 옆에서 같이 시험 본 조교는 엄청나게 잘 뛰었다. 나는 내 페이스를 지키지 못하고 일등 욕심에 더 빨리 달렸다. 그렇게 정말 1등을 했다. 더는 기록을 줄일 수 없다고 생각했다. 하지만 조교 옆에서 페이스를 맞추며 뛰어서 그런지 그날은 11분 30초로 들어왔다. 내 벽을 처음 넘은 날이었다.

초등학교, 중학교 때 많은 연습을 한 결과였다. 많이 노력해본 사람이 결과를 이루어냈을 때 진짜 행복하다. 나는 군대에서도 고등학생 때도 정말 행복했다. 가끔 넘어져보는 게 나의 벽을 알려주기도 한다. 하지만 넘을 수 있는 벽을 알려주기도 한다.

사람은 여러 가지 일을 시도해보고 경험해봐야 한다. 그렇게 자기가 좋아하는 일을 찾을 수 있다. 나도 단거리 달리기도 해보고 오래달리기도 해보면서 내가 좋아하는 일을 찾을 수 있었다. 넘어지는 것에 익숙해지지 않으면 자신의 장점을 찾기 어렵다.

나는 직장 생활도 똑같다고 생각한다. 처음부터 일을 잘하는 사람이 있다. 타고난 일머리가 있는 사람이 있다. 하지만 대부분 없다. 없는 사람은 배우면 된다. 일머리가 있는 사람 옆에서 일을 어떻게 하는지 보고 따라 하면 된다. 그렇게 일머리는 금방 늘어난다. 하지만 배우려고 하지 않으면 실력은 늘어나지 않는다.

직장에서 다른 사람이 일하는 것을 보면 가끔 드는 생각이 있다. '일을 왜 저렇게 하지?' 처음에는 지켜만 본다. 상황이 나아지면 다행이다. 가끔은 내가 하는 방식보다 일을 더 잘할 때도 있다. 그럴 땐 그 방법을 열심히 배운다. 하지만 많은 일은 해왔던 방식이 가장 빠른 방법이었다. 그래서 이런 방법으로 하면 조금 빠르다고 알려준다. 그렇게 조금씩 배우는 사람이 있다.

고집이 있는 사람은 알려줘도 결국 자기 방식대로 한다. 일은 일대로 느려지고 다른 사람은 답답하다. 그러다 실수해도 결국 자기 스타일대로 하다가 실수를 한다. 그리고 항상 마지막에 실수가 드러난다. 되돌리기 힘들 정도로.

처음 하는 직장 생활은 많이 배워야 한다고 생각한다. 나도 처음 들어간 직장 생활에서는 엄청나게 배우려고 노력했다. 그렇게 많이 실수해보고 배워서 깨달았다. '배우면 금방 잘하게 되는구나.'

자신의 실수에서 배우지 못하는 사람은 성장할 수가 없다. 계속 같은 실수를 반복하면 안 된다. 그래서 가끔은 넘어져도 괜찮다. 그런데 매번 똑같은 방식으로 넘어지면 곤란하다.

달걀을 삶을 때 5분이 넘어가면 완숙 달걀이 되어간다. 반숙 달걀을 얻고 싶었는데, 7분 동안 삶았더니 완숙이 되어 나왔다. 다음에 반숙 달걀을 원하면서 또 7분 동안 삶는 실수를 반복해서는 안 된다.

실수로 배우고 성장해야 한다. 실수가 두려워서 도전하지 못하는 사람들은 평생 해보지 못하고 후회한다. 사람은 마지막 순간에 해보지 못한 것에 대한 후회가 가장 크다고 한다.

나는 초등학교 4학년 때 축구부를 했다. 축구에 대한 열정이 엄청났다. 친구들을 모아서 점심시간마다 축구를 할 정도였다. 5학년이 되고 나서는 반에 축구 경기를 하는 사람이 없었다. 그렇게 축구와 멀어졌다. 6학년이 되니 축구를 또 좋아하는 사람이 많았다. 나는 1년 축구를 쉬었더니 자신감이 떨어졌다. 실수할까 봐 두려웠다. 그래서 축구를 잘 못한다는 핑계를 만들었다. 하지 못하는 이유는 계속해서 생겨났다. 그렇게 축구와 멀어지니 중학교에 와서도 축구를 하지 못했다. 내가 좋아했던 축구를 핑계 때문에 하지 못했다.

나중에는 대부분의 사람이 취미로 축구 경기를 한다는 것을 깨달았다. 잘하는 사람들도 있다. 대부분이 비슷한 사람들이다. 재미로 하는 거지 죽을 둥 살 둥 하는 것이 아니었다. 그래서 요즘은 회사 사람들이랑 가끔 풋살도 하고 축구 경기도 한다. 그렇게 실수를 두려워하지 않았더니 용기가 생겼다.

초등학생 때 멈췄던 축구 실력도 조금씩 성장해갔다. 같이 공을 차던 형들도 이제는 칭찬해준다. 축구 장비 사는 것도 재미가 들었다. 그렇게 나의 취미를 다시 찾은 기분이다. 내가 실수를 계속해서 두려워했다면 영영 축구는 하지 못했을 것 같다. 그렇게 마지막 순간에 나는 가장 후회할 뻔했다.

김연아도 수없이 많은 엉덩방아를 찧으며 정상에 도달했다. 또 에디슨은 실패를 얼마나 많이 했는가. 우리도 가끔 넘어져도 괜찮다. 다시 일어날 수 있으면 된다.

진정한 실패는 내가 포기하는 순간 일어난다. 내가 포기하지 않으면 실패는 계속 쌓여 경험치가 된다. 그렇게 쌓인 실패는 성공이라는 값진 선물을 준다. 우리는 넘어지면서 일어나는 법을 배워야 한다. 넘어져서 쉽게 포기한다면 우리는 결코 이뤄낼 수 없다. 에디슨이 포기했다면 전구가 더 늦게 발명됐을 것처럼.

인터넷 강사 이지영 씨는 말했다. “신이 인간에게 선물을 줄 때 시련이란 포장지에 싸서 준다. 그 선물이 크면 클수록 포장지도 커져 시련도 커지는 법이다. 장차 큰 인물이 되기 위한 시련이라고 생각해라.”라고 했다.

우리는 가끔 넘어지면서 시련이란 포장지를 하나씩 벗겨가는 중이다. 그 포장지를 다 벗겨 냈을 때 선물을 얻을 수 있다. 그렇게 우리는 가끔 넘어져도 괜찮다. 우리에게 성장이 될 넘어짐은 장차 크게 될 우리에게 온 시련의 포장지이다.

05

힘들면 가끔 소리 내어 울어도 돼

가끔 삶이 벅차다는 느낌이 들 때가 있다. 남들은 슬럼프도 없이 목표를 향해 잘 가는 것 같다. 나만 갑자기 세상에 혼자 덩그러니 있는 기분이다. 아무것도 하기 싫은 시기가 있다. 아마도 삶의 권태기인 것 같다. 직장인들은 3년 차 정도 되면 직장 권태기가 온다. 내가 잘하고 있는지, 이 길이 맞는지 여러 고민을 하게 된다.

유명인들에게도 슬럼프는 예외가 아니다. 가수 아이유 씨는 22세(2014년)에 슬럼프가 크게 왔다고 한다. 그 당시에는 (너의 의미, 나의 옛날이야기 등) 크게 흥행하며 가수로서는 '좋은 날' 이후로 성과가 좋았던 해였다. 모든 성공이 자신의 실력에 비해 거품처럼 느껴지고, 무대에 서는 것조차 무서워지기 시작했다고 한다. 내가 생각하기에 성공했다고 생각하는 사람들도 슬럼프는 겪고 지나간다.

슬럼프의 뜻은 연습 효과가 올라가지 않고, 의욕을 잃어 성적이 저하되는 시기이다. 열심히 연습한 만큼의 성과가 올라가지 않아서 나오는 게 슬럼프이다. 우린 열심히 했기 때문에 슬럼프가 온 것이다.

수능 시험은 끝났지만, 성적이 좋지 않았다. 열심히 한 만큼 나는 더 우울해졌다. 그렇게 부산 바다를 찾아갔다. 한겨울에 부산 바다에 혼자 있으면서 많은 생각을 했다. '가족들이 그렇게 열심히 도와줬는데 이거 하나 못 하다니.', '가족들에겐 내가 없는 게 더 낫지 않을까?' 별의별 생각을 다 했다. 바다를 보고 있는 내 모습을 보니 너무 처량했다. 갑자기 눈물이 났다. 그렇게 한참 펑펑 울었다. 사람들의 시선은 중요하지 않았다.

펑펑 울고 나의 감정을 비우고 나니 배가 고파졌다. 부산에서 저녁을 먹고 숙소에서 혼자 다시 생각했다. '이만하면 됐다. 후회 없이 열심히 했으니까 놓아주자.'라고 생각을 정리했다. 부산에 있는 동안 하루에 한 번 씩 가족들의 안부 문자가 왔다. '그동안 너의 노력 잘 안다. 이렇게 또 배우면 된 거다.'라면서 어머니의 위로 문자가 왔다. 그렇게 부산에서 2~3일의 시간을 더 보내고 집으로 왔다.

부모님은 말없이 안아주셨고 난 집에서 1주일을 또 혼자 보냈다. 문득 그런 생각이 들었다. 이제 24세, 내가 고등학교 졸업하고 군대도 갔다 왔다. 성인이 되고 나서 한 거라곤 수능 공부가 다였다. 이렇게 삶을 포기하기엔 너무나 아까웠다. 밖으로 나가려고 노력했다. 사람 사는 향기가 그리웠다.

그 당시에 인터넷에 삶을 포기하려던 사람에게 쓰인 글이 있었다. 무작정 밖으로 나가서 지하철 첫차를 타보라고 했다. 첫차 안에서 사람들이 새벽부터 열심히 하는 모습을 봐야 한다고. 그리고 노량진에 내려서 새벽 노량진 수산시장엔 어떤 삶의 모습이 있는지 보라고 했다. 사람들을 보고 집으로 돌아오면서 또 주변을 걸어보라고. 다들 열심히 살고 있다고, 사람의 온기를 느껴보라고 조언해줬다.

나는 재수 시절에 매일 타던 지하철 첫차를 타고 노량진으로 향했다. 내가 가던 학원 길과는 반대쪽에 수산 시장길이 있었다. 그 새벽에 한 번도 보지 못했던 수산시장을 봤다. 새벽인데도 불구하고 나와서 모두 분주했다. 새벽부터 많은 사람이 있었다. 나는 구경하면서 사람들의 온기를 느꼈다. 모두 열정적이었다. 사람들을 보며 나도 마음이 잡히기 시작했다.

다음 날부터 친구들을 만났다. 친구들을 만나면서 조금씩 내가 돌아왔다. 군대도 전역하고 대학교에 가려고 하니 용돈이 필요했다. 대학교 등록금을 벌기에는 너무 커 보였다. 나는 친구와 함께 아웃소싱 업체를 통해 공장에 들어갔다. 화장품 포장 공장이었다. 거기서 한 달 정도 일했다. 사람들과 이야기도 하고 일도 하다 보니 의욕이 생겼다. 한 달 일하고 대학교 입학 시즌이 되어서 그만두었다.

어느 날 방에서 자고 있었는데, 술을 드시고 온 아버지께서 우는 소리가 들렸다. 나는 걱정이 앞섰다. 아버지께서 '하시던 일이 잘 안 됐나?' 속으로 생각했다. 한참을 우셨다. 나가보지도 못하고 있다가 잠이 들었다. 다음 날 어머니께서 말씀해주셨다. 가수 홍진영 노래 '산다는 건'을 듣고 펑펑 우셨다고 했다.

"어떻게 지내셨나요. 오늘도 한잔 걸치셨네요. 뜻대로 되는 일 없어 한

숨이 나도 슬퍼 마세요. 어느 구름 속에 비가 들었는지 누가 알아 살다 보면 나에게도 좋은 날이 온답니다."

– 홍진영, '산다는 건' 중에서

아버지는 나무 같으셨다. 힘든 내색 없이 항상 그늘을 만들어주셨다. 집에서는 회사 이야기 한 번 안 하셨다. 새벽 4시에 출근하시는 일을 힘든 내색 한 번 안 하고 하신 분이었다. 그런 아버지의 눈물은 나에게 큰 충격이었다. 아버지에게 울림을 주었던 가사를 나도 천천히 봤다. 사는 건 다 똑같다는 가사와 인생이 별거 없다고 다 거기서 거기고 오늘도 수고 많았다는 가사가 아버지를 위로해줬다. 그렇게 아버지는 다음 날도 묵묵히 출근하셨다.

아직도 그 당시 아버지의 기분을 알 순 없다. 나도 회사에 다니면서 가끔 힘든 순간이 찾아온다. 퇴근하고 집에 오면 쓸쓸했다. 혼자 있는 집은 온기라고는 찾아볼 수 없었다. 그래서 더 쓸쓸함이 맴돌았다.

이 쓸쓸함이 나를 덮쳤다. 인생의 권태기가 또 찾아왔다. 회사는 열심히 다니고 있는데, 내 삶은 변화할 것 같지 않았다. 그 생각이 계속됐다. 앞으로 몇 년을 더 살아도 똑같을 것 같다는 생각이 자주 들었다. 그렇게 두 번째 슬럼프가 찾아왔다.

나름 자격증 공부도 하고 토익 공부도 하던 내게 슬럼프가 왔다. 내가 하는 만큼의 성과가 나오지 않는 것 같았다. 입사하고 1년이 지난 나는 작년과 다르게 성장해 있었다. 하지만 눈에 보이지 않았다. 나는 늘 불안했다. 당장 성과가 나지 않아 더 불안했다.

이번엔 다른 생각이 들었다. 군대를 갔다 와서는 삶이 아쉬웠다. 내가 못 해본 것도 많고 하고 싶은 것도 많았다. 이번에는 이만하면 다 해본 것 같았다. 앞으로도 비슷할 것 같은 느낌이 계속 들었다.

슬럼프를 한 번 겪어봤기에 과거를 생각했다. 혼자 쓸쓸한 기분을 느껴보기로 했다. 방 안에서 혼자 생각에 빠졌다. 나는 공부도 하며 미래를 보며 살았다. '나 분명 열심히 살았는데….'라는 생각이 들며 눈물이 났다. 조금 울고 나니 홀가분해졌다. 하지만 옆에 현재를 즐기며 사는 친구들이 부러웠다.

이런 생각은 학생 때부터 들었다. 공부를 열심히 하진 않았다. 그래도 나름 공부를 하려고 했다. 그러다 보니 스트레스가 많았다. 공부에 소질이 없어서 하는 만큼 나오지도 않았다. 집중도 잘 안 됐다. 그러다 보니 성적은 안 나오고 자책하는 일도 많아졌다. 옆의 친구들을 보며 느꼈다.

공부 안 하고 노는 친구들을 보며 부러웠다.

난 걱정이 많은 스타일이었다. 공부는 하지 않으면서 걱정만 많았다. '지금 놀면 나중에 후회할 거야.' 하며 생각했다. 하지만 그때 잘 논 사람이 이겼다. 잘 놀아봤던 사람들은 다르다. 세상의 중심에 자기가 있다는 걸 안다.

나는 걱정만 많은 아이였다. 그런 걱정에 제대로 놀아보지도 못했다. '공부도 안 했으면 어릴 때 마음 편히 제대로 놀아볼 걸….' 하면서. 노는 분야에서라도 1등을 해볼 걸 하고 아쉬워했다.

인생은 등산과 같다. 올라가면 반드시 내려올 때가 있다. 내려올 때 더 밑으로 내려가지 않게 나를 잡아주는 게 중요하다. 오늘 하루도 고생했다면서 나를 위로해줘야 한다. 내가 열심히 사는 건 사람들이 잘 모른다. 사람들은 남에게 관심이 많지 않다. 나도 남에게 관심이 많지 않은 것처럼.

나의 노력을 누군가가 알아주길 바라면 안 된다. 나의 노력을 당당하게 알려야 한다. 그리고 자신을 칭찬해줘야 한다. '어제보다 더 발전했구

나. 잘했어.' 하면서. 가끔 칭찬과 격려로 위로가 되지 않을 때가 있다. 그럴 땐 소리 내어 울어도 된다. 내가 대학 입학 전 울었던 것처럼. 아버지가 식탁에서 우셨던 것처럼. 다른 사람들도 그렇게 가끔 소리 내어 운다. 우리가 보지 못할 뿐이다.

울음 자체가 위로가 된다. 울다 보면 마음속에 있던 힘든 감정들이 다 나온다. 그렇게 쌓아두지 말고 뱉어내야 한다. 감정이 쌓이면 골이 깊어진다. 깊은 골은 다시 올라오기 힘들다. 더 내려가기 전에 산에 올라갈 준비를 해야 한다.

"오늘도 수고 많으셨어요."

06

나다움을 잃어버리지 않기

사람들은 거절하는 상황을 어려워한다. 내가 하기 싫은 일들을 거절하지 못해서, 나는 그렇게 하기 싫은 일들을 하며 하루를 보내기도 한다.

거절하면서 죄책감을 느낄 필요는 없다. 내가 하기 싫은 일을 하면서 나를 낭비하는 것보다는 죄책감을 느끼는 게 더 낫다. 그렇게 나를 지킬 수 있다. 그냥 상대방에게 조금 미안하면 된다. 내가 일을 해주지 않아도 일을 해줄 다른 사람들이 많다.

나도 항상 거절하기 어려웠다. '착한 사람 콤플렉스'가 있었다. 모든 사람에게 착한 사람이 되고 싶었다. 이런 콤플렉스로 나는 거절이 더 어려웠다. 모든 사람에게 착해 보이려면 부탁을 다 들어줘야 했기 때문이다.

모든 부탁을 다 들어주다 보니 일이 쌓여만 갔다. 정작 내 일도 못 하는데 남의 일을 하느라 내 시간을 다 써버렸다. 하루하루 고통스러웠다. 그렇다고 내가 거절할 수 있을 것 같진 않았다. 나는 그렇게 병들어갔다.

나중에는 거절하지 않으면 안 될 상황까지 왔다. 그렇게 처음 거절하게 되었다. 지금 맡겨진 일도 다 못 할 것 같아서였다. 처음 거절은 어려웠다. '상대방이 기분 나쁘지는 않을까?', '나를 싫어하면 어쩌지?'라면서 죄책감이 들었다.

하지만 거절하고 보니 어렵지 않았다. 그 사람은 나 말고도 부탁할 사람이 많았다. 내가 너무 어렵게 생각하고 있었다. 거절하고 나니 속이 편해졌다. 나도 나의 일에 집중할 수 있었다. 그렇게 일의 효율이 올라갔다. 나의 일을 다 하고 남의 일을 도울 수 있었다. 내 일이 끝나고 도와주는 처지는 마음이 편했다. 스트레스를 받지도 않았다. 상대방도 나를 더 좋아했다.

처음 거절하기는 상당히 어렵다. 하지만 한 번만 해보면 다음부터는 쉽다. 거절해도 상대방이 나를 싫어하지 않는다. 싫어하게 되면 나중에는 나에게 부탁을 안 해서 더 좋을 수도 있다. 착한 사람 콤플렉스를 버려야 한다. 모두에게 착할 순 없다. 누군가에게는 악마가 될 수도 있다. 대신 항상 악마가 되라는 말은 아니다.

항상 거절하라는 말이 아니다. 나다움을 지키자는 이야기다. 내가 이것을 함으로써 스트레스를 받는다면 하지 않는 게 좋다. 거절하지 못하면 부정적인 생각을 하게 된다. 부정적인 생각은 계속 부정적인 상황을 끌고 온다. 그렇기에 한번 거절해보자. 상황을 바꿀 수 있다.

상대에게 나를 보여줘야 상대도 안다. "나는 이런 것을 싫어하고, 이런 것을 못 한다." 알려주지 않으면 상대방은 모른다. 알려고 하지 않는다. 사람들은 생각보다 남들에게 관심이 없다. 친한 친구들도 가끔은 놀란다. "나 이 음식 싫어하는데?"라고 말하면 놀란다. "너 이거 못 먹었었어?"라면서.

가장 가까운 친구들도 가끔은 나를 잘 모를 때가 많다. 그런데 몇 번 만나지 않은 사람들이 나를 알아주길 바라면 안 된다. 나를 표현해야 한다. 상대방도 그게 더 편하다. 거절하지 않다가 거절하게 되면 이상하게 생각한다. '뭐야, 이제는 하기 싫다는 건가?', '내가 싫은 거야, 뭐야?'라면서.

처음부터 나와 맞지 않는 일은 거절하면서 나를 알려야 한다. 그렇지 않으면 쌓인다. 쌓인 감정은 결국 나중에 폭발한다. 그렇게 관계의 악화만 불러온다. 물론 계속 쌓아갈 수도 있다. 그럼 속에서 곪는다. 나만 힘들다. 상대방은 내가 힘든지도 모른다.

중학생 때에는 나다움을 지키지 못해서 친구들과 사귈 때 어려웠다. 항상 인상을 쓰고 있는 나에게 친구들은 다가오기 힘들어했다. 그렇게 사람들에게 나다움을 보여줬을 때 다가오기 편하다. 나에게 맞는 사람들과 친해질 수 있다.

나와 어울리지 않는 사람들과 친해지면 계속 나를 속여야 한다. 그렇게 나는 관계 속에서 스트레스를 받는다. 항상 그 관계 속에서는 나를 숨겨야 한다.

고등학교 1학년 때에는 나와 맞지 않는 모자를 쓰려고 했다. 나와 맞지 않는 친구들을 사귀려고 했다. 친구들이랑 놀고 있을 때 다른 사람들이 속삭이는 게 싫었다. 그래도 나는 속삭이는 친구들과 놀기도 했다. 그렇게 맞지 않는 사람들과 지내다 보니 여기도 저기도 친해질 수 없었다. 유일하게 1학년 때 연락하는 친구들이 없었다. 나를 꺼내지 못했기 때문이다. 사이에 껴서 어느 친구들과도 어울릴 수 없었다.

고등학교 3학년 때는 상식이 많은 친구 사이에 껴 있었다. 친구들과의 만남이 어려웠다. 친구들이 상식으로 알고 있는 일을 나는 모를까 봐 항상 두려웠다. 친구들과 이야기하면서도 무슨 이야기를 해야 좋을지 몰랐다. 친구들은 편하게 이야기했을지도 모른다. 나는 항상 불안했다. 나의 한계가 드러날까 봐 무서웠다.

나는 그렇게 나를 숨겼다. 친구들과 함께 지내기 위해서. 고등학교 때에는 다른 친구들도 많았다. 나는 왜 나를 숨겼는지 모르겠다. 친구들에게 항상 조심스러웠다. 그렇게 나다움을 잃었다. 어느 날 솔직하게 말했다. 잘 모르는 건 잘 모르겠다고. 그러면서 편해졌다. 친구들과의 관계도 나아졌다. 나를 솔직하게 표현해주니 친구들도 편하게 느끼는 듯했다. 나의 마음이 편해진 것일 수도 있다. 처음부터 나를 표현했어도 친구들은 이해해줬을 것이다. 사람마다 관심 있는 분야도 다르고 알고 있는 정도도 다르기 때문이다. 친구들과 여행가는 건 재밌었다. 물놀이도 재밌었다. 그냥 편하게 놀면 됐다. 나는 나를 숨겨서 계속 힘들었다. 부족한

점을 받아들여야 한다.

가끔 사람들은 부족한 점을 받아들이지 않는다. 혹시 나의 단점이 드러나면 상대방이 싫어하거나 무시할 것 같은 생각이 들기 때문이다. 하지만 누구에게나 단점은 있다. 그렇기에 나의 부족한 모습을 보여줘도 된다. 인간이기에 부족하다. 완벽하다면 그건 신이 아닐까? 나의 부족한 부분을 내가 인정할 때 성장할 수 있다. 나의 단점을 보완할 수 있다. 매번 숨기기만 하면 단점이 드러나는 상황을 피하게 된다. 그렇게 나의 성장에 한계가 생긴다. 나를 보여줘도 될 때는 보여줘도 괜찮다.

사람들은 자신의 부족한 모습이 나타날 때면 도망치고 싶은 마음이 생긴다. 그렇게 방어기제가 작동된다. 방어기제는 자아가 위협받는 상황에서 감정적 상처로부터 자신을 보호하는 행위이다. 쉽게 말해서 고슴도치가 가시를 세우는 일이다.

방어기제가 항상 나쁘지는 않다. 스스로 무너지지 않기 위해서 하는 행위이다. 그리고 많이 다치지 않으려고 하는 행위이기 때문이다. 고요한 마음을 지키기 위해 방어기제가 작동하는 것이다.

무슨 일을 하든 나다움을 잃으면 안 된다. 나를 잃었을 때 세상에 우리는 없어진다. 거절하기 힘들어도 가끔은 해야 한다. 그게 나를 지키는 가장 쉬운 방법이다. 상대방이 나를 지켜주지 않는다. 우리는 우리를 스스로 지켜야 한다.

스스로 지키면서 나를 보여줄 수 있다. 상대방에게 나를 보여줄 때 나다움을 지킬 수 있다. 거절이 모두에게 나쁜 것은 아니다. 적어도 나에게는 행복이다. 거절함으로써 나를 지킬 수 있다. 그렇게 어떤 상황이 오더라도 나를 잃지 말자. 세상의 중심은 나 자신이기 때문이다.

07

목표가 없는 삶은 방황하게 만든다

나는 20세에 재수를 했다. 그 시절에는 대학의 목표가 없었다. 남들 다 가는 대학이기에 나도 수능 공부를 하고 시험을 봤다. 내가 무엇을 잘하는지 고민해보지 않았다. 남들이 좋다고 하는 학과에 지원했다. 부모님께서 이런 학과가 좋을 것 같다고 하셔서 지원도 했다.

그렇게 목표 없이 재수하다 보니 공부의 의욕이 생기지 않았다. 작심

삼일이었다. 3일 후에는 매번 동기 부여를 받아야 했다. 요즘은 유튜브에 동기 부여 영상이 정말 많다. 하지만 내가 재수하던 2012년에는 유튜브가 활성화되지 않았다. 그래서 매일 노량진으로 가서 영어 선생님 수업을 들었다. 그 선생님은 매일 동기 부여를 해줬다. 수업을 듣는 동안 동기 부여가 됐다. 3시간 동안 열심히 할 수 있었다.

수업이 끝나고 도서관에 도착하면 그곳까지 가기 위해 1시간 동안 버스나 지하철을 타느라 벌써 지친다. 동기 부여 되었던 마음은 조금씩 약해지기 시작했다. 앉아 있어도 공부가 잘 되지 않았다. 군대에 가보니 10명 중 8명이 대학생이었다. '모두 대학교에 가는구나. 나도 전역하면 대학교는 가야겠다.'라는 생각을 했다.

전역하고 나서 다시 시작된 재수 생활은 똑같았다. 그때와 다른 점이 있다면 현장 강의를 듣지 않았다는 것이다. 독학 공부를 시작했다. 독학은 나에게 독이었다. 독학하려는 사람들은 곰곰이 생각해봐야 한다. 내가 혼자 목표를 정하고 무언가를 성취한 경험이 있다면 시작해도 좋다. 그렇지 않다면 독학하면 안 된다.

목표가 없이 다시 공부하니 잘 안 됐다. 그렇게 시험이 끝나고 점수에 맞게 대학교를 알아보았다. 원하는 대학은 당연히 갈 수 없었다. 지방에서 대학교 4년을 다니면서 학비를 내는 것과 전문대에서 기술을 배워 빨리 취직하는 것 중에 고민했다. 나는 전문대를 선택했다. 4년의 학비를 낼 자신이 없었고, 빨리 취업해서 돈을 벌고 싶었다.

한 조사 결과에 따르면, 4년제에 입학해서 공부해서 취업하는 것보다 전문대에서 기술을 배워 취직하는 게 더 높은 연봉을 받을 수 있다고 한다. 그래서 난 선택을 후회하지 않았다. 빨리 취직을 할 수 있었고 전문대에서, 많은 기회를 얻을 수 있었다.

전문대에 들어가서 첫 수업을 들었다. 교수님께서 취업이 되는 선배들의 사례를 이야기해주셨다. 취업하는 경우가 세 가지가 있다고 했다. 1. 학점이 4.0 넘는 사람, 2. 학점이 3.5 이상에 자격증이 있는 사람, 3. 학점이 3.0 이상에 자격증과 영어 점수가 있는 사람. 이렇게 세 그룹이 취업을 잘한다고 했다.

나는 목표가 생겼다. 대학교 학점은 4.5가 만점이었다. 나의 학점을 4.0 넘기자. 다른 공부를 하지 않고 학점으로만 취업하자! 그렇게 목표를 세웠다. 4.0을 넘기려고 목표하니 장학금이 눈에 들어왔다. 부모님께서는 첫 등록금만 내주고 다음 학기부턴 등록금을 마련하라고 하셨다. 나에게는 장학금이 더욱더 중요해졌다.

학과에서 7등까지 주어지는 성적 장학금이 목표였다. 첫 학기 성적은 4.0을 넘기며 4등을 했다. 나의 목표에 가까워지는 기분이었다. 대학 생활을 하다 보니 다른 것도 해보고 싶었다. 과대표, 총학생회, 전공 동아리였다. 공부를 더 잘하기 위해서 전공 동아리에 먼저 들어갔다. 전공 동아리에서 배우면서 공부를 했다. 2학기에는 2학년 때 과대표를 하기 위해 준비하다 보니 성적이 떨어졌다. 4.0도 맞추지 못했고, 장학금도 날아갔다.

나는 다시 최종 목표를 생각했다. 도중에 생기는 목표보단 나는 취업의 목표를 달성하려는 욕구가 컸다. 다른 대학 생활도 하면서 학점 관리를 시작했다. 정말 누구보다 바쁘게 살았다. 전공 동아리, 과대표, 학점 관리까지 하면서 3년제 졸업을 했다. 학점 4.07로 졸업할 수 있었다. 성적 장학금도 세 번이나 탔다. 과대표 장학금으로 학비를 마련했다. 덕분에 3년 동안 나는 학비를 내가 모두 낼 수 있었다.

2016년에 교수님께서 말씀하셨기 때문에, 나는 이제 취업은 쉬울 거로 생각했다. 2019년에 취업을 하려고 무작정 문을 두드렸다. 취업 준비를 해보니 학점만으로는 되지 않았다. 교수님의 말씀은 16년도 기준이었다.

3년 동안 취업의 문이 많이 높아져 있었다. 서류전형에 붙고 면접을 보러 가봤다. 옆에 지원자도 학점 4.0은 당연히 넘었다. 그리고 자격증도 있었고, 영어 점수도 있었다.

나는 그렇게 다시 준비를 시작했다. 나의 목표는 취업이었다. 대학교에서 주관하는 2주 토익 영어 캠프에 신청했다. 졸업 전에 만족할 만한 영어 성적을 가지고 싶었다. 대학교 연수원에서 2주 동안 지내면서 24시간 토익 공부를 할 수 있었다. 목표가 토익이다 보니 새벽 2~3시까지 숙제를 할 수 있는 힘도 생겼다.

토익 캠프에 들어가기 전 나는 첫 토익 모의고사를 봤다. 첫 토익을 보면 웃는 소리로 자신의 신발 사이즈가 나온다고 했다. 그런데, 나는 내 신발 사이즈보다 안 나왔다. 충격적이었다. 가서 정말 독하게 2주를 보냈다. 암기도 못 해서 남들보다 더 열심히 외웠다.

수업해주시는 선생님께서 매일 독하게 말씀하셨다. 이렇게 해서는 원하는 점수에 못 도달한다고. 나는 상처 받지 않았다. 더 독하게 마음먹었다. 취업하기 위해선 영어 점수가 필요했다. 2주 동안 갇혀서 치열하게 공부한 결과 670점이라는 점수를 얻었다. 처음에 발 사이즈도 나오지 않던 점수가 3배 가까이 올랐다! 나는 기뻤다.

목표 없이 방황했던 나에게 목표가 생겼다. 큰 목표는 취업이었다. 그 목표를 달성하기 위해서 학점 4.0을 넘기자는 작은 목표를 세웠다. 목표를 세우니 내 안에서 동기 부여가 일어났다. 힘들어도 공부를 하게 되었고 즐거운 마음으로 공부했다.

그렇게 학점 4.0을 넘기고 다음 목표가 생겼다. 그렇게 영어 공부도 혼자 힘으로 할 수 있었다. 영어 점수를 얻고 나서 취업을 하려고 했다. 생각해보니 그때 면접 지원자들은 자격증도 있었다. 나는 급하게 자격증 준비를 시작하고 두 개를 땄다.

교수님께서 말씀하신 모든 걸 준비했다. 처음에는 대학 친구들이 모두 가는 대기업만 썼다. 처음 붙은 자기소개서 덕에 자신감이 붙었다. 취업 준비할 때 나이가 28세이었다. 그래서 그런지 대기업은 들어가지 못했다. 그렇게 중견기업, 중소기업 가리지 않고 입사 지원서를 썼다. 자기소개서를 80개 가까이 썼다.

이번에 목표는 자기소개서 100개 채우기였다. 주변에서 아는 회사는 모두 다 썼고 내가 직접 찾아보기 시작했다. 그렇게 80개쯤 쓰다 보니 면접 연락이 왔다. 다섯 곳 면접을 봤다. 그렇게 한 곳에 최종 합격하게 되어 회사 생활이 시작됐다.

재수를 시작할 때 공부하기에 앞서 내가 원하는 게 뭔지 고민해봤으면 좋았을 것 같다. 외부에서 자극받는 동기 부여는 금방 식기 마련이다. 나의 마음속에서 끓어오르는 동기 부여가 필요하다. 마음속에서 피어나는 동기 부여는 식을 줄 모른다. 내가 원하는 일을 하는 건 지치지 않았다. 그리고 목표를 향해 달려가는 내 모습이 자랑스러웠다. 매일 칭찬하며 의지를 다질 수 있었다.

살아가면서 방황을 하고 있다면 목표를 정해보는 건 어떨까? 내 삶의 목표가 생기면 그 방향으로 노력한다. 그 노력은 삶의 동기부여가 된다. 목표가 없는 삶은 방황하기 쉽다. 물론, 목표 없이 공부도 잘하고 일을 잘 처리해내는 사람들도 있다. 하지만 맞지 않는 방향에 속도는 중요하지 않다.

나의 삶의 방향을 먼저 정해야 한다. 방향에 맞게 속도를 내야 한다. 심지어 방향이 맞지 않으면 다시 왔던 길을 되돌아가야 한다. 방향이 맞았다면 거북이처럼 천천히 가도 목적지엔 도착할 수 있다. '토끼와 거북이'에서 천천히 갔지만 목표를 향해 끝까지 간 거북이가 이기지 않았던가.

처음부터 큰 목표를 세우면 달성하기 어려울지도 모른다. 1년 후의 목표를 먼저 세우면 나도 모르게 행동하게 된다. 내가 목표 없이 재수 생활을 했던 것처럼 목표가 없는 삶은 외부의 동기 부여가 꾸준히 필요하다. 하지만 외부의 동기 부여로는 지친다. 지치지 않기 위해서라도 내적 동기가 필요하다. 오늘부터 나의 삶의 동기 부여가 될 목표를 한 가지 정해보자. 그 목표를 달성해야 할 이유도 적어보자. 목표를 적었다면 오늘부터 한 걸음씩 천천히 꾸준히 나아가자.

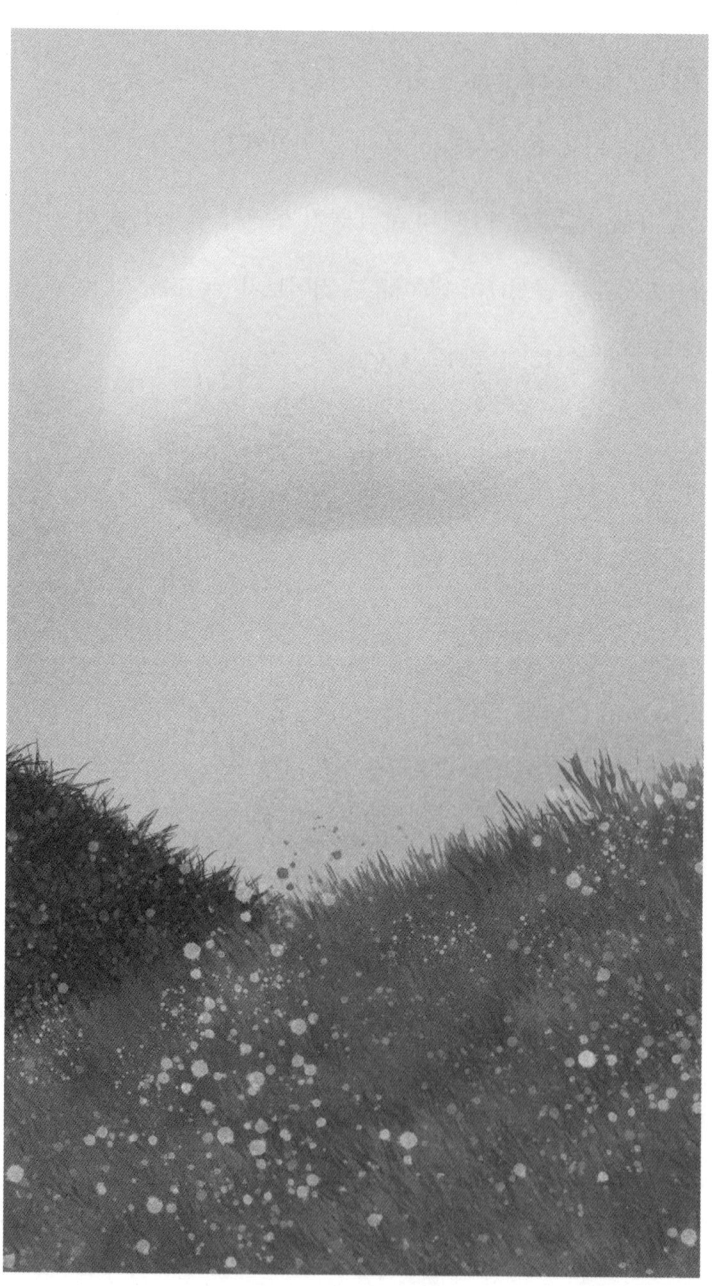

4장

지금 당장 행복해지는 습관 8가지

01

고마움 표현하기

최근에 손 편지를 써본 적이 있는가? 나는 손 편지를 안 쓴 지 반년이 돼간다. 하지만 가끔 소중한 사람에게 손 편지를 썼다. 편지를 손으로 한 글자 한 글자 정성스럽게 적는다. 정성이 들어가면 받는 사람은 정말 기쁘다.

요즘은 문자나 카카오톡으로 연락을 주고받는다. 그리고 우편함에는 항상 청구서들만 가득하다. 그런 우편함에 가끔 손 편지가 들어 있다면 무슨 기분일까? 받은 사람은 편지를 가지고 집에 들어가면서 무척 행복할 것이다. 요즘은 손 편지가 많이 사라졌다. 그러다 보니 길거리에 우체통 찾기도 쉽지 않다.

나도 배달 온 편지를 받은 적은 군대가 처음이자 마지막이었다. 훈련병 때에는 인터넷이 되지 않아서 손 편지로 소식을 주고받았다. 새해가 되기 전 마지막 12월 31일. 그날 나는 첫 손편지를 받았다. 그때의 기분은 아직도 생생하다. 편지를 준 친구에게 너무나 고마웠다. 군대에서는 시간이 많아서 편지를 자주 쓰게 된다. 사회에 있는 친구들은 편지를 받아도 시간을 내기 힘들다. 워낙 많은 놀 거리가 있다. 근데 시간을 내서 나에게 편지를 써준 친구들이 아직도 너무나 고맙다.

고마움을 표현하기에 가장 쉽고 크게 마음에 다가오는 게 손편지이다. 최근에 『기적의 손 편지』라는 책을 읽었다. 저자는 손 편지의 여러 가지 기능을 설명해줬다. 그중 감사 편지 부분이 제일 인상 깊었다. "감사 편지를 받는다는 것은 '누군가 내 존재의 의미를 알고 있다.'라는 뜻이다." 라는 부분이 제일 인상 깊었다.

나도 감사 편지를 쓰려고 감사할 대상들을 찾았다. 아주 사소한 것부터 찾다 보니 감사 편지를 받을 사람이 금방 10명이 넘었다. 처음 생각난 건 항상 내 옆에서 날 응원해주는 부모님이었다. 어릴 때는 어버이날에 편지를 자주 적었다. 요즘에는 어버이날에 용돈 봉투가 예쁘게 나와 있어서 편지 적을 일이 적어졌다. 부모님께 편지를 적어본 지가 언제인지 기억이 나지 않았다.

책을 읽고 부모님께 감사 편지를 적었다. 아무것도 아닌 날에 편지를 받은 부모님은 너무나 감동하셨다고 했다. 이렇게 작은 손길 하나로 상대방에게 감동을 줄 수 있다. 손 편지는 그런 존재이다. 대부분 사람에게 잊혔지만, 받으면 한없이 감사한 존재이다.

두 번째로는 항상 내 곁에서 나를 행복하게 해주는 나의 소중한 사람이다. 같이 있으면 항상 즐겁다. 가끔 내가 편지를 써줬지만 벌써 6개월도 지난 것 같다. 편지를 받고 엄청나게 좋아하던 모습이 생각난다. 내가 고마움을 표현하면 받은 사람은 며칠 행복하다.

마지막으로는 우리 회사 상무님이다. 나는 회사에 들어가기 위해 면접을 여러 번 봤다. 면접을 보면서 '여태 뭐하셨는지 모르겠다.', '아직도 부족하다.'라는 압박 면접만 받았다. 하지만 지금 다니는 회사 상무님은 면접 마지막에 이렇게 말씀해주셨다. "참 열심히 사셨네요. 지원해줘서 고마워요."라고. 면접장에서 정말 울컥했다. 상무님께서는 별말 아니라고 생각하실지 몰라도 나에게는 정말 큰 위로가 되었다.

취업을 준비하던 시절에 자존감이 많이 떨어졌다. 그때의 위로는 나를 다시 힘내게 해주셨다. 상대방에게 고마움을 표현하는 건 정말 기분 좋은 일이다.

세상에는 고마움을 표현할 상대가 너무나도 많다. 나도 세 명밖에 말하지 못했다. 그러나 쓰면 쓸수록 보내고 싶은 상대가 많아진다. 고마움의 표현을 받은 상대는 받은 순간부터 행복해진다. 그리고 다시 편지에 답장을 써준다.

고마움 표현의 선순환이 끊임없이 이어진다. 손 편지를 써주고 답장을 받을 생각을 하면 속상해진다. 그 사람이 기뻤을 거로 생각하고 끝내야 한다. 무엇이든 주고 다시 받겠다고 생각한다면 아마 속상함만 가득 찰 것이다.

꼭 감사 편지만 써야 하는 건 아니다. 받을 친구에게 행복을 전하기 위해서는 친구를 위한 편지를 써도 된다. SNS를 통해서 친구의 근황을 보며 편지를 적는다. "이번에 어디 갔었더라. 거기 좋아 보이던데!"라고 시작하면서 안부를 묻는다. 그렇게 친구와 더 돈독한 사이가 될 수 있다.

아르바이트해본 사람들은 공감할 것이다. 손님의 "감사합니다." 한마디가 큰 위로가 된다는 것을. 나는 한곳에서 3년 정도 아르바이트를 했다. 주말 새벽 아르바이트를 하면서 항상 피곤했다. 주 업무는 카운터 업무와 청소하기였다. 카운터에서 손님들이 계산하고 나가면서 "감사합니다."라고 그날 들은 한마디가 종일 기분 좋게 했다.

나도 매장에서 나올 땐 항상 "감사합니다."로 고마움을 표현한다. 나의 표현으로 그분들의 오늘 하루가 행복했으면 좋겠다는 마음에서. 내 주변 친구들은 뭐 그렇게까지 하냐고 한다. 하지만 나는 알고 있다. 나의 행동 하나에 그 사람이 행복해질 수 있다는 것을.

고마움을 표현 받는 상대가 내가 될 수도 있다. 나는 군대에서 생활할 때 감사일기를 적었다. 군대 생활 동안 갇혀 있는 게 너무 힘들었다. 그래서 매일 감사할 부분을 찾아서 적었다. 매일매일 적다 보니 군대가 좋아졌다고 말할 정도까지는 아니지만, 점점 행복해졌다.

세상에는 감사할 일이 참 많다는 것을 느꼈다. 어느 날은 고라니를 봐서 감사했다고 적었다. 매일 군대 안에서 군복 입은 사람만 보다가 고라니를 보니까 반가웠다. 또 어느 날은 비가 와서 감사하다고 적었다. 군대에서는 눈이 오면 불행이지만, 비가 오면 가끔 행복이다. 원래 하려던 작업과 훈련을 안 하는 경우가 있기 때문이다. 하지만 비가 매일 좋은 건 아니었다. 비가 온다고 군대식 우비를 입는 날에는 더 끔찍했다. 눈 치우는 게 나을 정도로.

요즘에는 다시 감사일기를 적고 있다. 최근에 라식 수술을 했다. 라식 수술하고 안경을 안 쓰게 돼서 감사하다고 적었다. 수술이 잘돼서 감사하다고 적었다. 아침에 안경을 찾지 않아도 세상이 밝아서 감사하다고 적었다.

감사일기를 적다 보면 처음에는 정말 적을 게 없다. 군대에서 적은 걸 찾아보면 '소대장님이 커피를 주셔서 감사했음, 오늘 점심에 내가 좋아하는 메뉴가 나와서 감사했음.' 등 사소한 일에도 감사하다고 적었다. 이렇게 한 개 두 개 적다 보니 감사할 일이 많아졌다. 세상에 감사를 표현하다 보면 세상은 보답으로 행복을 준다. 복이 복을 불러준다고 하지 않던가. 그렇게 행복이 나에게 매일 들어온다.

고마움을 표현할 대상은 참 많다. 나는 그 대상에게 정말 고마움을 느꼈는데, 제대로 표현하지 못하지는 않았는지 되돌아본다. 정말 고마움을 표현할 대상이 없다면 감사일기를 써보는 건 어떨까. 세상을 향해 고마워하는 것이다. 그러다 보면 행복한 일들이 다가온다.

행복한 사람들에겐 계속 행복한 일들이 일어난다. 끌어당김의 법칙을 굳게 믿고 있는 나는, 행복이 다른 행복을 끌어당긴다고 생각한다. 내가 주위에 긍정정인 사람을 두려고 하는 것도 다름 아닌 바로 그 이유에서다. 긍정적인 사람들을 두다 보면 긍정적인 상황과 생각들이 다가온다.

그동안 고마움을 표현하지 못한 사람들에게 오늘 고마움을 표현해보는 건 어떨까? 나처럼 편지를 써도 좋다. 손 편지 쓰기가 어색하고 두렵다면, 문자나 카카오톡으로 메시지를 남겨도 된다. 받은 상대방은 종일 행복할 것이다.

가끔 밥을 사줬던 적이 있다. 무언가를 받기 위해 사준 행동이 아니었다. 밥을 얻어먹은 친구가 고마웠다면서, 나에게 작은 선물을 준비해줬다. 나는 정말 고마웠다. 그리고 그날은 집으로 향하면서 기분이 좋았다. 이처럼 고마움을 표현하기 쉽다. 고마움을 표현 받은 상대나 표현한 나 자신이나 서로에게 윈윈이다.

02

긍정적인 친구와 수다 떨기

친구들과 수다 떠는 건 주제와 상관없이 항상 재미있다. 카페에 앉아서 수다를 떨다 보면 시간 가는 줄 모른다. 나는 말을 잘 들어주고 호응도 잘해준다. 그래서 고등학교 땐 여자 사람 친구(이하 여사친)가 많았다. 여사친이랑 이야기하다 보면 주제가 너무 많아서 매일 다 끝내지도 못했다.

카페에 가서 이야기하다 보면 금방 집에 갈 시간이었다. "오늘 너무 짧았다. 내일 다시 만나서 이야기해야겠다. 집 가서 전화할게." 집 가서도 또 이야기꽃이 핀다. 다음 날 만나서 또 이야기를 해도 끝이 안 난다. 나는 친구들의 이야기를 듣다 보면 너무 재미있었다. 매일매일 더 듣고 싶어서 계속 옆에 붙어서 이야기했던 것 같다.

어느 날 배드민턴을 치러 친구들끼리 모였다. 처음에 30분은 열심히 배드민턴을 쳤다. 배드민턴을 치면서 시작된 이야기는 배드민턴이 끝나고 2시간 동안 이어졌다. 저녁 운동하러 나갔다 온다던 나는 3시간 가까이 배드민턴을 치고 돌아온 사람이 되었다.

친구들은 나랑 얘기하면 마음이 편해진다고 했다. 내가 옆에서 응원도 잘해주고, 무엇이든 긍정적으로 대답해줘서 고맙다고 했다. 호응도 좋아서 이야기할 맛이 난다고 했다. 그걸 들으면 기분이 좋았다. 이야기를 듣고 호응만 잘해주는데도 친구에게 행복을 줄 수 있다는 사실이 기뻤다.

동네 친구가 있다는 건 정말 기쁜 일이었다. 저녁에 배드민턴을 가장한 수다를 위해 만날 수 있기 때문이다. 나중에는 필요한 운동을 위해 만나는 때도 있었다. 내가 군대 전역하고 얼마 안 된 날이었다. 친구는 여군을 준비한다고 했다. 팔굽혀펴기와 오래달리기가 힘들다면서 같이 운동하려고 또 만났다. 그렇게 친구의 운동을 도와주고 필기 공부를 응원했다. 나도 수능 공부 중이었기에 공부하고 나서 만났다. 서로의 체력을 증진하게 할 수 있어서 좋은 기회였다.

그렇게 한 달 정도 준비하고 친구는 시험을 보고 왔다. 다행히 시험 최소 개수는 모두 넘었다면서 너무 좋아했다. 나도 축하해주었다. 친구는 필기시험도 잘 보고 왔다. 그렇게 친구는 여군에 합격했다. 둘 다 기분이 날아갈 것 같았다.

여군이 되고 나서는 근무 지역이 너무 멀어져서 자주 만나지 못했다. 그 친구와 수다 떠는 건 항상 재밌었는데 아쉬웠다. 친구는 엄청 긍정적이었다. 무슨 일이 있어도 항상 해맑게 웃었다. 그래서 친구와 수다를 떨다 보면 시간 가는 줄 몰랐고, 재밌었다. 고등학교 때도 같은 반이어서 자주 이야기했다. 고등학교 제일 친한 친구를 고르라면 자신 있게 고를 수 있는 친구이다. 지금은 각자 결혼을 준비하고 있다. 서로를 응원해주는 멋진 친구 관계로 남아 있다.

고등학교 이후에는 진짜 친구를 사귀기 힘들다고 했다. 대학 친구는 소위 '밥 친구'라고 했다. 나는 대학교에 가기 전까지 무슨 말인지 몰랐다. 대학교에 간 순간 점심시간이 맞으면 같이 밥 먹고 그 이상도 이하도 아닌 친구들이 많았다. 밥 친구의 개념을 알게 되었다. 나는 어딜 가나 친한 친구 한 명은 있어야 했다. 속 깊은 얘기도 하고 서로 의지를 할 수 있는 친구가 있어야 했기 때문이다.

대학교에서 만난 친구 한 명은 부정적이었다. 뭘 해도 '이거 될까?', '이거 안 되면 어쩌지?' '내가 할 수 있을까?' 나는 위로를 열심히 해줘도 잠시뿐이었다. 나중에는 부정적인 기운이 옮는 것 같았다. 나도 속으로 '이거 안 되면 어쩌지?'라는 생각을 하고 있었다. 나는 이 친구와 멀어져야겠다고 생각했다. 친구가 휴학한 덕분에 멀어질 수 있었다. 그래도 같이 다녔던 친구가 없어져서 가끔 심심했다.

나는 총학생회를 시작하면서 새로운 친구들을 만들었다. 거기에서 엄청 긍정적이고 밝은 친구를 만났다. 그 친구는 어딜 가나 행복해 보였다. 하루는 구로에서 하는 금주 캠페인 봉사활동을 하러 같이 갔다. 그날 엄청 더워서 다들 힘들어했다. 친구도 상당히 더웠지만 밝은 분위기를 내려고 노력하는 모습이 보였다. 친구 덕분에 다들 힘을 냈다.

찾아오는 사람들에게 먼저 다가가서 체험을 시켜줬다. 체험은 음주했을 때의 나의 몸 상태 체험이었다. 먹은 술의 양에 따라 세상이 다르게 보이는 안경을 줬다. 안경을 쓰고 표시된 길을 걸어보면서 체험을 할 수 있었다. 친구와 함께 체험을 시켜주다 보니 정리할 시간이 되었다. 정리하면서 다들 고생했다면서 밝은 분위기로 헤어질 수 있었다.

집으로 가기 위해 대중교통을 타러 갔다. 가는 동안 이야기를 하면서 느꼈다. 정말 밝고 재미있는 친구구나. 대중교통을 타고 좀 지나자 친구는 잠이 들었다. 본인도 그렇게 힘들었는데 주변을 밝게 해주려고 노력하는 천사 같았다. 이 친구는 지금 나의 가장 소중한 존재가 되었다.

총학생회는 봉사를 자주 하러 다녔다. 대학생들은 다들 노는 줄로만 안다. 물론 놀기도 많이 놀았다. 나도 처음에는 놀기 위해 들어갔던 곳이었다. 하지만 실상은 학생들을 위해 봉사를 진짜 많이 했다.

축제와 체육대회가 열리던 때였다. 나는 하루에 3만 보씩 걸으며 정말 힘들었다. 총학생회 모두가 여기저기 분주하게 움직여서 다 같이 힘들고 예민했다. 평소 같았으면 별말 아닌 것으로 느껴질 말들이 여기저기 칼질을 했다. 다들 힘들어서 잠깐 앉아 있는 모습에 너무 오래 쉬는 거 아니냐며 핀잔을 주기도 했다. 그렇게 힘들어서 예민해지던 시간이었다.

밝은 친구는 분위기를 회복하려고 노력했다. 다 같이 힘든데 조금만 더 힘내보자고 하면서 특유의 밝은 분위기를 만들었다. 싸우려고 했던 말들이 아니었기에 서로 이해하며 조금씩 양보하기 시작했다. 그렇게 10

시까지 축제와 주점을 운영하며 성공적으로 마무리 지을 수 있었다.

10시가 돼서 치우고 바로 집으로 갈 수 있었던 건 아니었다. 학생들은 10시가 넘어도 주변 술집에서 술을 먹었다. 학생들이 사고가 나지 않도록 또 학교에 남아 몇몇은 지켜야 했다. 그렇게 서로 돌아가면서 학교를 지키고 축제와 체육대회를 정말 성공적으로 마쳤다.

긍정적인 분위기와 말은 주변을 밝게 물들인다. 부정적인 말도 똑같다. 그래서 나는 주위에 긍정적인 친구들을 두려고 한다. 내가 먼저 긍정적인 사람이 돼서 주변을 물들이려고 한다.

부정적인 친구와 이야기하다 보면 나도 힘이 빠진다. 그리고 남을 험담해보면 알겠지만, 당시에는 재미있지만 결국 힘이 빠지는 느낌이다. 주변에 긍정적인 친구가 있다는 것은 정말 행운이다. 그 친구와 이야기하다 보면 안 될 것도 될 느낌이 든다. 행복 바이러스가 나를 지켜줄 것 같다.

혹시 '카멜레온' 법칙을 들어 봤는가? 주변 사람들은 서로 닮아간다는 법칙이다. 그래서 옆에 있는 사람이 중요하다는 말이다. 유튜버 내성적인 건물주가 하는 말이다. 사자성어로는 근묵자흑(近墨者黑)이 있다. 주변 사람뿐만 아니라 나는 분위기도 닮아간다고 생각한다. 긍정적인 사람 주변에는 긍정적인 사람이 모인다. 반대로 부정적인 사람 주변엔 부정적인 사람이 모인다. 서로 끌어당기는 것 같기도 하다.

주변에 수다 떨 친구가 있다는 것만으로도 엄청난 행복이다. 그 친구가 이야기를 잘 들어줘서 좋다. 그리고 나의 이야기에 공감해줘서 좋다. 심지어 친구가 긍정적이기까지 하다면 엄청난 행운이다. 긍정적인 기운이 나에게 넘어온다. 그렇게 나는 슈퍼맨이 된 기분이다. 친구와 이야기하다 보면 안 될 것 같은 일도 될 것처럼 느껴진다. 그렇게 실행하다 보면 정말 내가 해내는 것을 보게 된다.

부모님께서는 어려서부터 친구를 잘 만나야 한다고 하셨다. 그 말뜻은 서로 닮아가기 때문이라는 생각이 든다. 맹모삼천지교(孟母三遷之敎)라는 말이 괜히 나온 말이 아니다. 맹모삼천지교란 맹자의 어머니가 맹자의 교육을 위해 세 번이나 이사를 했다는 뜻이다. 교육에는 주위 환경이 중요하다는 가르침이다. 교육뿐만이 아니다. 주변 환경이 본인에게 제일 큰 영향을 미친다. 그래서 주변을 항상 밝게 해주는 소중한 친구가 있어야 한다.

03

SNS와 잠시 이별해보기

나의 SNS 이용 시간은 정해져 있다. 바로 잠들기 전 20분과 저녁 먹을 때 20분이다. SNS 시간을 정해놓지 않으면 정신없이 하게 된다. 어떤 사람은 메일을 확인하는 시간까지도 정해놓는 사람이 있다. 하루에 21분만 메일을 확인한다. 그렇게 세 번 확인하고 다른 중요한 업무를 처리한다.

많은 사람이 SNS 한 가지 이상은 한다. 나는 주로 유튜브랑 페이스북을 한다. 나도 한때는 페이스북을 끼고 살았다. 페이스북에 빠져 있으면 내가 원하는 재미있는 글이 계속 나온다. 그러다 보면 친구들의 근황도 자연스럽게 알게 된다. 친구들의 소식을 보며 '누구는 결혼하는구나.', '누구는 지금 여행 중이구나.'를 알게 된다. 친구들의 반가운 소식을 들을 수 있어서 좋다.

하지만 가끔 친구들의 자랑 글을 보다 보면 나의 삶이 행복과 멀어지는 듯한 생각이 들 때도 있다. 내가 지금 일하고 있을 때 친구가 여행 간 사진을 올리면 그렇게 부러울 수가 없다. 내가 공부 중이라면 더 심하다. 나는 도서관에 있는데 친구들의 맛집 탐방 사진이 올라오면 내 모습이 순식간에 처량해진다.

나는 20세 때는 핸드폰을 2G폰을 썼다. 친구들과 카톡도 하지 않기 위해서. 친구들이 많이 불편해했다. 불편한 만큼 나에게 연락이 오지 않아서 나는 공부하기 편했다. 단체 카톡방을 만들어서 한 번에 알리면 되는데, 나에게 한 번 더 알려야 하므로 귀찮았나 보다. 그렇게 나를 사람들과 멀리할 수 있었다.

군대 가기 전 다시 3G폰을 썼을 때는 신세계를 경험하는 기분이었다.

너무 재미있어서 종일 페이스북을 끼고 살았다. 친구들과 연락이 자주 되니까 좋았다. 군대에서도 페이스북은 엄청난 존재였다. 군대 간 친구들과 연락할 수 있는 유일한 방법은 페이스북이었다. 서로 핸드폰이 없으니 연락이 되지 않았다.

군대 안에서도 페이스북의 불행은 있었다. 나는 갇혀 있다는 느낌인데 친구들은 여행도 다니고 맛집도 다녔다. 친구들과 연락하고 재미있기 위해 켠 페이스북이 가끔은 나를 속상하게 만들었다. 어느 순간부터 군대에서도 페이스북은 잘 안 하게 되었다.

군대 전역과 동시에 페이스북에 감사 글을 올렸다. 그동안 친구들에게 정말 고마웠다. 그것을 마지막으로 페이스북을 삭제했다. 나는 다시 공부를 시작했다. SNS 속에서는 비교하는 마음을 버리려고 해도 쉽지 않다. 들어가기만 하면 친구들의 가장 예쁜 사진과 가장 행복한 사진들이 보인다.

SNS가 도움이 될 때도 있다. 오랜만에 친구의 근황을 알게 되어 연락하게 될 수도 있다. 그리고 예전에 연락이 끊겼다가 친구 추천에 떠서 연락이 닿는 때도 있다. 그런 순기능도 많다. 친구들과 다시 연락되거나, 이야기할 주제 거리가 생기기도 한다. 또 마케팅을 할 수 있는 장소이기도 하다. 많은 연예인이 SNS로 마케팅을 한다. 본인을 브랜딩하기 위한 장소로 이용하기도 한다.

하지만 너무 SNS에 빠져 살거나 SNS를 보며 비교하게 된다면, 잠시 이별해 볼 필요가 있다. 이별에는 용기가 필요하다. 모든 이별은 항상 어렵다. 나에게 매일 새로운 자극을 주는 SNS는 마약과 같다. 마약 같은 SNS와 이별은 더 어렵다.

가끔은 핸드폰을 두고 여행을 떠나보라고 한다. 사진을 찍기 위해 '여기서 찍으면 예쁘겠다.'라는 생각만 하느라 보지 못한 것들이 보이기 시작한다. 사진 찍고 다음 장소로 넘어가기 위해 여행을 하는 게 아니다. 그 순간 자연과 풍경이 주는 즐거움에 빠지는 것이다. 그리고 같이 간 사람들과 행복한 느낌을 나누는 것이다.

친구들과 여행을 하다 보면 대부분 핸드폰을 하게 된다. 카페를 가도 잠깐 수다 떨다 보면 핸드폰을 들고 있다. 이유 없이 SNS에서 다 같이 떠들고 있다. 나는 카페에 같이 있다가 친구가 SNS를 하면 '나랑 있는 게 재미없나?'라는 생각이 들기도 한다. 친구들과 만났다면, 그 순간은 친구에게 집중해야 한다. 서로 소중한 시간을 내어 만났다. 그 소중한 시간에 핸드폰은 잠깐 쉬어도 된다.

스토리에는 지금 실시간으로 무엇을 하고 있는지 보여줄 수 있다. 그리고 하루 뒤에 스토리는 사라진다. 스토리를 본 친구들끼리 이야기한다. "어제 어디 갔다 왔더라. 어땠어?"라면서. 스토리를 확인하지 못한 사람은 대화에 끼지 못한다. 마치 스토리를 확인하지 못한 일이 내 잘못이 된 것 같다. 친구에게 관심이 없는 사람이 된 기분이다.

요즘은 템플 스테이도 인기가 많다. 템플 스테이를 가면 핸드폰을 보지 않겠다고 다짐하는 사람도 많다. 핸드폰과 이별하여 진정한 나의 행복을 찾아가는 길이다. 핸드폰으로 인해 우리는 너무 복잡한 세상에 살고 있다. 핸드폰을 놓으면 세상이 단순해진다.

갑자기 생긴 시간에 혼자만의 시간을 갖기도 한다. 마음의 평화가 찾아온다. 책을 읽고 낮잠을 자고 밀렸던 과제를 한다. 책을 읽거나 나의 취미 생활을 하다 보면 시간이 금방 사라진다. 핸드폰 없이도 잘 지낼 수 있는 나를 발견하게 된다.

SNS는 가끔 흑역사를 만들기도 한다. 술에 취해 SNS를 보고 있다 보면 헤어진 연인에게 연락하게 된다. 다음 날 후회는 덤이다. 눈앞에 보이지 않으면 연락하지 않았을 수도 있다. 물론 생각이 나서 연락하는 때도 많다. 하지만 술은 나의 감정을 통제할 수 없게 한다. 그렇게 헤어진 연인에게 연락하는 사람이 많고, 다음 날 후회하는 사람도 많다.

술로 만들어진 흑역사를 SNS에선 다양하게 볼 수 있다. 많은 사람이 보고 주변 사람에게 공유한다. 그렇게 나의 흑역사는 지울 수 없게 된다.

나는 페이스북도 잘 하지 않는다. 페이스북 친구도 5명이다. 4명은 잘못 눌러서 친구 추가가 되었다. 페이스북에서 멀어지려고 친구들을 추가하지 않았다. 남들에게 페이스북 하는 것도 알리지 않았다. SNS에는 모두가 행복하다. SNS를 멀리서 하는 본인만 빼고.

정작 SNS에 올리는 사람 중 마음이 외로운 사람이 많다. '나 이렇게 잘 있어요. 잘 놀고 있어요.' 하고 관심을 원하는 사람도 있다. 행복해서 올리는 게 아니라 관심이 필요해서 올리는 사람이 있다. SNS를 통해서 다른 사람의 관심으로 행복해지는 것보단, 내가 지금 함께 있는 사람들에게 집중하는 게 행복일 수도 있다.

은근 다른 사람의 관심을 기다리면서 올리는 SNS는 불행이다. 내가 친구에게 먼저 관심을 갖고 연락하게 되면 반기지 않는 친구는 한 명도 없다. 그렇게 갑작스럽게 온 연락은 안부를 묻게 되고 친구와 더 가깝게 지낼 기회가 생긴다.

핸드폰에서 SNS 하는 시간을 정해놓는 건 어떨까? 이렇게 SNS와 조금씩 멀어지다 보면 내가 진정 원하는 행복을 찾을 수 있다. 남들을 보며 부러워하지 않고 내가 가진 것에 감사하게 된다.

친구들과 함께 있는 순간이 소중하다. 소중한 순간을 SNS에 양보하는 것은 안타까운 일이다. 친구들의 관심을 구걸하기보다는 본인이 친구에게 관심을 가져주는 것이 관계에 더 좋은 영향을 가져온다.

많은 사람이 행복을 SNS에서 찾는다. SNS에서 빠져나오면 대부분 공허한 생각이 든다. 이렇게 많은 사람과 소통하다가 갑자기 혼자가 된 기분이다. 지금 당장 혼자 있는 시간의 행복을 모른다. 종일 핸드폰을 잡고 있는 것보다는 나의 행복을 위해 잠깐 나와 만나는 시간을 가져보는 것도 좋다.

04

행복한 공간 만들기

어릴 때 나에게는 장난감 상자가 있었다. 그 장난감 상자는 나와 동생을 항상 재미있게 놀게 해줬다. 그것을 갖고 놀면서 나는 행복해했다. 장난감 상자가 있던 그곳은 나에게 행복한 공간이었다. 성인이 된 지금도 나에겐 행복한 공간이 필요하다. 어릴 때 내가 꿈꿨던 장소는 두 곳이다. 하나는 그늘을 만들어 쉬게 해주는 높은 언덕 위의 큰 나무이고, 다른 하나는 온갖 책들로 둘러싸인 지하에 있는 큰 서재다.

물론 서재는 지금도 가질 수 있다. 책장을 사고 내가 산 책들을 꽂으면 그 어느 곳이든 서재가 된다. 그런데 내가 생각하는 서재는 조금 다르다. 나는 나만의 공간이 필요한 것이다. 그 공간에서 나는 누구의 방해도 받지 않는다. 생각이 필요하면 생각을 한다. 책이 필요하면 책을 읽을 수 있다. 진정한 나와 만나는 공간이다. 그런 공간이 있으면 행복할 것 같다. 하지만 지금은 서재를 가진다고 해도 나만의 공간이 아니다. 혼자만의 시간을 가질 수 있는 조용한 지하 서재를 갖게 되기를 꿈꾸는 이유다.

많은 사람이 삶에 지칠 때 찾는 나만의 공간이 있어야 한다. 그곳에서 지친 삶을 위로받기도 한다. 나만의 공간은 행복을 주는 공간이다. 지치고 힘들고 위로받고 싶을 때 언제 찾아가도 위로가 되는 공간이다. 다른 누군가가 말을 걸어주지 않아도 그곳에서는 마음의 안정이 찾아온다.

나는 삶에 지쳐서 무작정 근처 산에 올라갔다. 무작정 올라간 산행에 간식은 생각지도 못했다. 산에 오르는 동안 사람들이 간식을 많이 챙겨주셨다. 위로받고 싶어서 시작한 산행이었다. 나는 산에 다 오르기도 전에 행복해졌다. 여러 사람의 온기를 느낄 수 있었다. 산에 오르는 동안 이미 나의 마음은 충전이 된다.

내가 가끔 찾아가는 위로를 받는 장소는 태백산 정상이다. 시골이 태백이기 때문에 어릴 때 태백산에 자주 올라갔다. 가족들과 함께 간식거리를 싸서 태백산 정상을 향해 올라갔다. 정상에서 먹는 간식은 말로 표현할 수가 없었다. 그리고 정상에 서서 아래 보이는 풍경들은 그렇게 예쁠 수가 없었다.

정상에 서서 나무들이 계절마다 바뀌는 모습을 보는 것은 나를 설레게 한다. 나는 항상 가족들보다 빨리 정상에 올라갔다. 혼자 정상에 서서 마음껏 풍경을 구경할 수 있었다. 그리고 마음도 위로받았다. 정상에서만 위로받을 수 있는 공간은 아니었다.

요즘 힘들어하는 친구가 있었다. 그 친구에게 위로가 필요한 건 알고 있었다. 멀리 있는 나는 친구를 위로해줄 수가 없었다. 나는 친구랑 전화했다. 친구에게 행복한 공간을 찾아보는 게 좋다고 말했다. 친구는 그렇게 집 앞에 있는 산에 매주 오르기 시작했다. 처음에는 행복한 공간이라기보다는 운동 삼아 올랐다. 친구 본인의 생기를 되찾기 위해서 올랐다.

매주 찾아가서 오르다 보니 이제는 행복한 공간이 되었다. 낮은 산이지만 산에 올라가서 보는 풍경은 마음을 편안하게 해줬다. 가끔 힘들다고 하는 여자친구와 함께 주말에 산에 오른다고 한다. 그렇게 둘은 마음의 평화를 찾는 장소를 찾았다.

행복한 공간을 마련하는 데는 반드시 돈이 필요한 게 아니다. 나도 그렇고 친구도 그렇고 산에 올라갔다. 누군가에게는 자동차로 지나가는 다리 위가 될 수도 있다. 그리고 누군가에게는 영감을 주는 카페가 될 수도 있다.

나의 어머니는 시장을 좋아하신다. 나는 어릴 때 어머니랑 손잡고 시장을 다녔다. 가면 맛있는 것을 얻어먹는 건 덤이다. 다른 친구들은 사춘기 때부터 어머니와 손잡고 다니는 걸 부끄러워하는 친구들도 많았다. 나는 부끄럽지 않았다. 언제나 어머니 손을 잡고 시장에 가는 길이 좋았다. 요즘 어머니의 손은 나이가 들었다. 손을 잡으면서 알게 되었다. 평소에는 알지 못했던 어머니의 나이가 새삼 느껴지는 손이었다. 우리 가족에게 맛있는 음식을 해주셨던 손이 거칠어져서 속상했다. 그래서 나는 항상 어머니의 손을 꼭 잡고 다닌다.

어머니는 나와 함께 시장을 가는 것이 행복이었을 수도 있다. 옆에서 이야기도 해주고 아들 손도 잡고 다니고. 그리고 어머니는 이사하기 전에 시장이 있는지 확인하신다. 어머니에게 시장은 평일에 음식 재료를 사기 위해 들리는 장소이다. 하지만 들리고 오면 행복해하신다. 맛있는 음식들의 냄새를 맡을 수 있고, 사람들의 정도 느낄 수 있었기 때문이다.

요즘은 택배로 물건을 받는 게 편한 세상이지만, 시장에서 직접 물건을 사며 이야기를 나눌 수 있는 곳은 우리 어머니에게 행복한 공간이다.

어릴 때는 집 앞에 놀이터가 있었다. 항상 그곳에 가면 동네 친구들이 모여 있었다. 그곳에서 피구도 하고 땅따먹기도 한다. 가끔은 생각 없이 나가면 행복했던 놀이터가 그립다. 같이 모여 놀다가도 저녁 6시만 되면 부모님이 저녁 먹으라고 찾으셔서 흩어졌던 장소가 그립다. 어른이 돼도 몸만 컸다. 마음은 똑같다. 그곳을 찾아가면 행복해야 한다. 어릴 때 행복했던 그곳처럼.

행복한 공간이 침대일 수도 있다. 나의 소중한 사람은 행복한 공간이 침대이다. 쉬는 날에는 침대 위에서 나오지 않는다. 본인은 제일 행복한 공간이 침대라고 할 정도이다. 나중에는 세상에서 제일 큰 침대를 갖고 싶다고 한다. 행복한 공간이 엄청나게 커졌으면 좋겠다면서. 침대 위에서 모든 취미 생활도 즐긴다. 따뜻한 전기장판과 함께. 침대 위에서 색칠도 하고 뜨개질도 한다.

아주 어릴 때 할머니네 있었던 적이 있다. 할머니네 대문만 나가면 아기에게 큰 정자가 있었다. 거기에 올라가서 누워 있으면 바람이 불었다.

여름에도 엄청 시원했다. 나에겐 거기 누워 있는 게 그렇게 좋았다. 할머니네만 가면 방 안에 있기보다 정자에 있었다. 큰 정자에 누워서 하늘을 보며 종일 뒹굴뒹굴하는 행복은 말로 표현할 수가 없다.

바람이 불고 맑은 하늘을 누워서 보는 기분은 좋았다. 잠자리가 날아다니고 뒤에 철도에는 기차가 지나다녔다. 모든 것이 평온해 보였다. 시간이 멈췄으면 좋겠다고 생각한 적도 많았다. 커서도 가끔 할머니네 가면 그 정자에 누워본다. 어릴 때의 기분을 느낄 수 있기 때문이다. 바람까지 불어주면 완벽한 날이었다.

어느 날 할머니네 내려갔더니 정자가 사라졌다. 어릴 때 행복을 주던 추억의 공간이 사라져서 마음이 아팠다. 나의 행복한 공간이 하나 사라졌다. 자주 가진 못했어도 어릴 때 추억의 장소였다. 가서 텅 빈 그 공간을 봤을 때, 나는 마음 한편이 텅 빈 기분이었다.

친구는 자취방 원룸에서 행복한 배달을 기다린다. 2주에 한 번씩 꽃이 배달되어 온다. 그날은 자취방이 행복으로 가득해진다. 생화가 배달 와서 10일 정도 향기를 낸다. 그러다가 시들고 며칠 뒤면 또 생화가 배달되어 온다. 친구는 본인의 행복을 위해 꽃을 1년 정기 구독했다.

"행복할 때, 슬플 때, 집중이 필요할 때 듣는 노래가 다르다. 나만의 플레이 리스트가 있다. 그것처럼 공간의 플레이 리스트도 만들어보는 게 좋다."

– 〈차이나는 클라스 – 인생수업 스페셜〉 7회, 유현준 편

내가 위로받고 싶을 때 찾았던 산의 정상이 될 수도 있다. 누구에겐 도서관이 될 수도 있고, 매일 산책하던 코스가 될 수도 있다. 단지 그곳에서 지치고 힘들 때 충전이 되고, 위로를 받을 수 있으면 된다.

본인만의 행복한 공간을 만든다면 언제 찾아가도 위로받을 수 있다. 언제나 그곳에서 당신을 기다리고 있다. 삶에 지친 당신을 엄마의 품처럼 따뜻하게 안아줄 것이다. 행복한 공간은 존재만으로도 힘이 된다. 오늘 찾아갈 생각을 하면 벌써 위로가 된다. 많은 사람은 공간이 주는 특별함을 모른다. 그 공간에서 위로받을 수 있는 특별한 경험을 선물해주고 싶다.

05

비교하는 마음 버리기

사람 대부분을 1분 안에 우울하게 만들 수 있다. 그것은 바로 자기보다 더 나은 사람과 본인을 비교하는 것이다. 나보다 더 좋은 대학을 간 사람, 나보다 더 많은 월급을 받는 사람, 나보다 더 나은 차를 타는 사람 등등 비교를 시작하면 끝도 없다. 무슨 일은 하든 나보다 나은 사람은 있기 마련이다.

“다른 친구들에 비해 나만 항상 제자리에 있는 것 같아요.”라고 생각하는 사람들이 많다. 본인의 꿈을 이루고 원하는 일을 하고 있어도 이런 고민은 계속된다. 매일매일을 남들만큼 열심히 산 것 같은데 나만 제자리인 것 같아서 힘들 때가 있다.

“나는 얼마나 멋진 인생을 살았는가! 그것을 좀 더 빨리 깨달았더라면.” 콜레트(20세기 프랑스 소설가)가 한 말이다. 본인이 지금 멋진 인생을 살고 있다는 걸 남들과 비교하다 보면 깨닫지 못한다. 몸이 좋은 사람들은 너무나도 많다. 하지만 거울을 보며 예전과 달라진 나의 몸을 보며 만족해할 수도 있다. 어제와 달라진 나에게 칭찬해줘도 모자란다.

우리는 매일 성장하고 있다. 오늘도 회사에서 알게 모르게 새로 배운 것이 있을 수 있다. 예전에 배운 게 기억나지 않았지만 일을 하다 깨우치는 때도 있다. 3일 동안 쥐어짜내도 나오지 않던 아이디어가 갑자기 나올 수도 있다. 그때 우리는 성장하는 것이다.

독서를 하거나 어떤 일을 하면 뇌에 흔적이 남는다. 그 흔적은 계속해서 쌓여간다. 본인도 모르는 사이에 흔적이 연결돼서 아이디어가 나오기도 한다. 우리는 매일 흔적을 쌓고 있다. 제자리에 있는 것 같지만 어느 순간 그 흔적이 연결되는 날이 온다.

나도 대학교 다닐 땐 나보다 잘난 사람들이 너무나 많았다. 조금만 공부해도 점수가 많이 나오는 친구들, 나보다 외모가 뛰어난 사람들, 친화력이 좋은 사람들, 발표를 준비하지 않아도 즉석에서 말을 잘하는 사람들 등등 많았다.

나는 그렇지만 강점이 있었다. 나는 엉덩이가 무거웠다. 공부를 조금만 해도 점수가 잘 나오는 친구들은 끝까지 하지 않았다. 물론 그 친구들이 더 집중하고 했으면 잘했을 것이다. 나는 1등을 목표로 하지 않았다. '장학금을 타는 범위 안에만 들자'가 목표였다. 장학금은 7등까지 주어졌다. 학기마다 7등 안에 들려고 더 많은 시간을 쏟았다. 그렇게 나는 3년 동안 3번 이상의 성적 장학금을 받았다.

발표도 똑같았다. 나는 즉석에서 말을 잘하지 못하는 타입이다. 하지만 생각하고 대본을 준비하고 발표를 한다. 발표하다 보면 준비했던 말보다 더 좋은 말이 떠오르기도 한다. 그렇게 성공적인 발표를 했다.

나는 내가 먼저 잘 다가가지 못하는 타입임을 인정했다. 하지만 두 번 세 번 만나고 익숙해지면 그 자리 분위기를 주도할 수 있는 사람이 나임을 알고 있다. 처음엔 어색하더라도 몇 번의 만남 후에는 친한 친구가 될 수 있다. 그동안 공통점도 많이 발견하고 이야깃거리를 많이 생각해간다. 나는 항상 처음이 어려웠다. 그래서 면접이 항상 어려웠다. 같은 면접관들과 두 번째 만나면 더 잘할 수 있는데, 그러지 못했던 것이 아쉬웠다.

비교가 선의의 경쟁이 될 수도 있다. 나와 동생은 어릴 때 구몬 학습지를 했다. 동생과 함께 선생님과 같은 방에서 수업을 받았다. 당일 배운 내용으로 숙제가 있었다. 당일 배우고 숙제 내용에서 몇 개 더 풀어보고 수업이 끝난다. 동생은 옆에서 수업 시간에 미리 숙제를 많이 풀었다. 나는 혼자 '나도 더 많이 풀어야지.' 하며 경쟁이 붙었던 적이 있다. 그렇게 그날 둘은 1주일 숙제의 반을 했다.

좋은 비교가 있다는 것을 깨달았다. 나는 그래서 남들과 진도를 항상 비교했다. 그것으로 자책하진 않았다. 남들과 비교하며 내가 세운 목표를 향해 잘 가고 있는지 나를 점검했다. 남들이 많이 한다고 해서 나의 목표를 수정하지 않았다. 나는 나대로 열심히 하는 것을 알고 있다. 나를 채찍질한다고 해서 목표에 더 빨리 갈 수 있을 것 같진 않았다. 나에겐 칭찬이 필요했다. 내가 오늘 게으름을 피우는 것 같으면 남들을 본다. '재는 오늘 이 정도 하니까.' 하며 마음을 고쳐먹는다.

아버지 친구의 아들은 나보다 한 살 어리다. 내가 재수를 해서 같은 해에 수능을 봤다. 친구는 공부를 잘해서 연세대에 합격했다. 말 그대로 엄친아(엄마 친구 아들)이었다. 공부도 잘했고 게임도 잘하는 친구였다.

나는 그 친구에 대해 잘 몰라서 비교할 생각이 들지 않았다. 하지만 아버지는 친구들과 술자리에 나가시면 "누구 아들은 어디 갔더라."라는 말을 듣고 오시는 것 같았다. 나는 괜찮았지만, 아버지는 속으로 속상하셨을 것 같다. 비교하려 하지 않아도 대화하다 보면 비교가 되었을 것 같다.

농사는 자기 마음대로 되는 게 없다고 한다. 본인의 할 일을 다 하고 하늘에 맡겨야 한다. 자식 농사는 오죽하랴. 자식들은 항상 부모 마음대로 크지 않는다. 다른 자식들과 비교하다 보면 끝도 없다. 나의 자식이 잘하는 점을 보고 칭찬해주는 마음 하나로도 충분하다.

자식들이 크면 주변과 비교하기 쉽다. 주변에서 8세에 구구단을 외우는 모습을 보고 우리 아이는 언제 하나 하며 답답해하는 부모가 있다. 아이마다 속도가 다르다. 그 속도에 맞지 않게 가면 아이도 지치고 부모님도 지친다. 아이가 하고 싶고 잘하는 것을 도와주는 게 현명할지도 모른다.

나는 어릴 때 주변에서 미술 학원, 피아노 학원에 다녀서 나도 따라다녔다. 나는 예체능과는 거리가 멀었다. 어릴 때부터 알고 있었지만, 부모님은 주변에서 하니까 보냈던 것 같다. 그렇게 간 학원에서는 열심히 하지도 않았다. 피아노 학원은 10번 반복해서 치기 하면 3번 하고 10번을 다 동그라미 쳤다.

미술 학원도 어린 나이에 스트레스였다. 가기 싫은 미술 학원에 가다 보니 결국 일이 터졌다. 스트레스가 원인이었는지는 모르겠지만, 미술 학원 가서 코피가 흐르기 시작했다. 흐르는 코피는 10분이 넘어서도 계속 났다. 결국 학원을 나와 집으로 향했다. 집에 도착하자 거짓말처럼 멈추는 일도 있었다.

나는 어릴 때 몸으로 하는 운동을 좋아했다. 태권도를 다녔지만 다른 운동도 더 다녀보고 싶었다. 하지만 운동은 태권도로 끝났다. 그 점이 아쉬웠다. 못 했던 아쉬움이 커서 성인이 된 나는 유도와 해보고 싶었던 운동을 배우려고 한다.

주변에서 다 보내는 학원을 보내기보다는 내 아이가 원하는 학원을 보내주는 게 어떨까 한다. 강제로 학원을 가는 아이는 스트레스를 받는다. 보내는 부모도 부담이 된다. 사회가 만들어놓은 틀 안에서 비교하다 보면 끝이 없다. 이 학원 저 학원 다 보내야 할 것 같다.

내가 가진 아이의 장점을 잘 키우도록 아이가 원하는 것을 가르쳐보는 것도 좋다. 배우고 싶었던 걸 배우는 아이는 시키지 않아도 혼자서도 연습한다. 피아노가 배우고 싶었던 아이는 학원에서 배운 것을 집에서 연습한다. 그리고 실수가 많은 부분을 계속 연습하는 모습을 보고 있으면 부모님은 흐뭇하다.

내가 남들과 비교하며 열등감에 빠져서 아무것도 하지 않았더라면, 장학금도 탈 수 없고 학점도 높게 졸업하지 못했을 것이다. 남들과의 비교는 선의의 경쟁에서만 해도 충분하다. 내 안에서 나를 괴롭히는 기준들을 없애야 한다. 우리는 오늘 하루의 나를 칭찬해줘야 한다.

인간이 태어날 확률은 과학자들의 말에 따르면 1/400조 달한다. 지구에 나라는 존재는 유일하다. 그런 존재를 다른 사람과 비교하며 자책할 필요가 없다. 세상에서 가장 위대한 사랑은 자기 자신을 사랑하는 것이다. 그동안의 나는 남들과 비교하며 유일한 존재를 힘들게 했다.

유일한 존재를 인정해주고 나를 사랑해주는 시간을 갖자. 아침에 눈을 뜨고 저녁에 잠들 때까지, 온전히 나에 집중하자. 나를 칭찬하자. '오늘도 잘했어! 유진아.', '내일도 잘할 수 있어! 유진아.' 하며 나를 다독이자.

06

봉사, 행복의 첫걸음

어릴 때 어머니께서는 복지회관에서 일하셨다. 그래서 어머니를 따라서 봉사하러 몇 번 갔었다. 독거노인 분들에게 쌀이나 반찬을 가져다드리는 봉사를 했었다. 어릴 때는 잘 몰랐다. 그냥 어머니 따라서 드라이브하는 느낌이었다. 힘을 쓰는 일에 내가 가서 도와드리고 할머니 할아버지와 이야기하고 집에 오는 길이 행복했다.

군대에서 한 번 봉사를 나간 적이 있었다. 노인요양 시설로 봉사를 나갔다. 방충망도 갈고 여러 가지 일을 했다. 할머니, 할아버지께서는 젊은 사람들이 와서 봉사하고 사람이 북적북적하니까 좋아하셨다. 이야기도 많이 들었다. 점심을 먹고 나서도 일을 계속했다. 처음 간다고 했을 때는 매우 힘들 것 같다는 생각이 들었다. 가서 직접 해보니 어르신들도 만나고 이야기도 듣다 보니 시간이 정말 빨리 갔다. 돌아와서 생각해보니 정말 행복한 경험이었다.

행복은 나누면 두 배가 된다. 봉사로 행복을 나누면 두 배보다 더 크게 돼서 돌아온다. 봉사하러 간 사람이 더 크게 행복을 받는 것 같다. 나는 봉사를 많이 하진 않았지만 돌아오면 행복한 기억이었다.

대학교 총학생회 시절에 몽골로 교육 봉사를 갔었다. 거기에서 어린아이들을 만났다. 친구들은 3세부터 초등학생까지 나이가 다양했다. 여기서도 나는 낯선 사람들과 첫 만남에 친해지기 어려웠다. 나는 주변 사람들이 어린 친구들과 어떻게 놀아주는지 봤다. 자기가 자신 있는 놀이로 친구들과 놀아주고 있었다.

나는 몸으로 노는 거엔 자신이 있었다. 그래서 친구들과 공놀이를 했다. 말이 통하지는 않았지만, 몸으로는 통했다. 우린 캐치볼도 하고 공놀이도 하였다. 거기서 준비해준 색칠하기나 수수깡으로 만드는 것도 했다. 나는 손재주가 없어서 만들기로는 잘 못 놀아줬다. 만들기를 좋아하는 친구는 나를 도와줬다. 이렇게 만들면 된다고 하면서. 어린 친구들이 엄청나게 잘 만들었다. 만들기가 끝나고 어린 친구들과 사진을 찍으면서 놀았다. 스노우라는 앱을 통해서 서로의 얼굴에 낙서가 되니 재밌어했다. 많은 추억을 남기고 돌아왔다.

거기에 어린 친구들 몇 명은 잘 어울리지 않았다. 나중에 들어보니 우리가 하루 봉사하고 가면 친구들은 우리를 영영 보지 못해서 속상해한다고 했다. 그래서 어울리지 않는 친구들도 있다고 들었다. 나는 머리를 한 대 맞은 것 같았다. 나는 하루 가서 봉사하고 온 것이다. 친구들에겐 사람을 만난 것이지만 이별을 속상해했다. 매번 다른 사람들이 와서 봉사하다 가버리니 앞으로는 평생 못 볼 사람들이라고 생각했던 것 같다.

나는 핑계도 많았다. 속으로 매년 몽골로 갈 수 없는 많은 이유를 만들었다. 나도 그렇게 하루만 봉사하고 온 사람이 되었다. 그 친구들을 매년 보러 가는 사람의 이야기를 들었다. 아기들이 이별을 속상해하는 걸 듣고 매년 찾아간다고 했다.

고등학생 때 과학 체험 부스 봉사를 했다. 두세 번 정도의 봉사를 했었다. 먼저 과학고등학교에서 열리는 체험 부스 운영을 했다. 우리는 거울에 모양을 내고 그것을 정육면체로 만들어줬다. 그리고 위에 구멍을 뚫어서 햇빛을 비추면 안쪽에는 아름다운 색깔이 비치는 사각 거울 속 우주를 만들어주었다.

우리가 만들어둔 샘플을 보고 아기들이 신기해하며 만들려고 왔다. 우리는 한 명씩 붙어서 아기들과 같이 사각 거울 속 우주를 만들어주었다. 우리는 만드는 데 한 명씩 붙어 있어야 해서 우리의 인원만큼만 받을 수 있었다. 그래서 줄이 엄청나게 길었다. 나중에는 만드는 데 걸리는 시간을 측정했다. 나온 시간을 바탕으로 대기 시간을 정해서 연락을 했다. 그렇게 구로 과학축전에서 아기들에게 우주를 많이 만들어주었다.

아기들은 우주를 만들고 가져가면서 행복해했다. 부모님들은 자식들을 보고 좋아하셨다. 나는 하루 동안 많은 아이에게 우주를 선물했다. 봉사하러 가기 전에 물건도 시키고 안내판도 만들고 많은 시간을 들인 봉사를 했다. 그동안 들인 시간과 비교해 얻은 결과물은 너무나도 컸다. 작은 시간으로 아기들에게 우주를 선물할 수 있었다. 나에게는 소중한 경험이었다.

나는 어릴 때 이런 체험 부스에 가보지 않았다. 그래서 고등학생인 나에게는 모든 게 신기한 경험이었다. 우리 체험 부스 말고 다른 체험 부스에 가서 많은 경험을 했다. 거기에서 기억에 남는 체험은 질소 과자였다. 액체질소에 담겨 있는 홈런볼을 먹었었다. 입안에서 연기가 몽글몽글 나오는 신기한 경험을 했다. 액체질소에 대한 많은 설명을 들었지만 기억에 남는 건 입에서 연기가 나오는 상황이었다.

하루의 짧은 봉사로 아쉬워하고 있었다. 우리는 그렇게 더 긴 봉사를 하러 갔다. 코엑스에서 열리는 2박 3일 체험 부스 운영을 하기로 했다. 거기에는 더 많은 친구가 놀러 왔다. 친구들에게 우주를 선물했다. 우리가 그린 우주는 정말 예뻤다. 사람마다 유리에 내는 모양이 달라서 각자에게 개성 있는 우주를 선물할 수 있었다.

집에서 먼 코엑스에 가면서 아침부터 설레었다. 새로운 사람들에게 재미있는 봉사를 할 수 있다는 사실이 행복했다. 그리고 아기들의 행복한 표정을 보면 그렇게 좋을 수가 없었다. 직접 만든 정육면체는 아기들의 상상력을 자극했다. 그리고 눈앞에 보이는 우주를 신기해했다. 부모님들의 감사 인사를 들었을 때는 더 행복했다. 내가 가진 지식으로 아기들에게 봉사할 수 있다는 사실이 행복했다.

나는 몽골 교육 봉사와 과학 부스 운영으로 많은 것을 깨달았다. 내가 가진 지식과 경험들로 아기들에게 봉사할 수 있다는 사실이었다. 그리고 그것을 나눠줬을 때 행복을 나눌 수 있다는 사실을 깨달았다.

중, 고등학교 때는 봉사 시간을 채워야 했다. 중학교 때는 봉사 시간을 채우기 위해 복지회관과 도서관에서 봉사했다. 도서관 사서 선생님들을 대신해서 책을 정리하고, 아이들이 놀러 오면 아이들과 놀아줬다. 거의 시간을 채우기 위해 한 봉사는 마음에서 우러나오지 않았다. 그래서 최선을 다하지도 않았던 것 같다.

고등학교에 와서 내가 하고 싶은 봉사를 했다. 과학 동아리에 들어갔다. 직접 시간을 내서 물건도 만들어봤다. 그렇게 아기들이 좋아할 만한 아이템을 정했다. 직접 해보면서 아기들이 힘들거나 재미없을 것 같은 건 뺐다. 그리고 과학적인 지식을 전달하지 못하는 경우도 뺐다. 이렇게 하다 보니 사각 거울 속 우주로 봉사를 할 수 있었다.

고등학생 때 하던 체험 부스 봉사는 정말 재밌었다. 마음에서 우러나오는 봉사는 뜨거운 햇빛 아래서도 부스를 운영하는 힘이 되었다. 2박 3일 동안 코엑스에서 열리는 봉사도 힘들다는 생각 없이 무사히 마무리했다. 3일 내내 가는 봉사는 아니었지만, 내가 쉬는 날도 가서 도와줬다. 봉사가 그만큼 재밌었기 때문이다.

행복을 나눌 방법은 많다. 나의 지식을 가지고 행복을 나눌 수도 있다. 내가 상대방을 웃기게 해주면서 행복을 나눌 수도 있다. 그리고 상대방이 필요한 것을 도와주면서 행복을 나눌 수도 있었다.

나눌 게 없어도 봉사할 수 있다. 어르신들을 만나면서 느낀 점은 무언가를 꼭 드리러 가는 게 봉사가 아니었다. 어르신들을 찾아가서 어르신들과 이야기를 하는 것만으로도 충분한 봉사라고 생각했다. 어르신들의 일상에 찾아가서 재롱을 부렸다. 어르신들의 이야기도 들을 수 있었다. 어르신들의 이야기를 들으면 엄청난 지혜를 배울 수도 있었다.

아기들에게나 어르신들에게 봉사하면서 느꼈다. 나이에 상관없이 나의 도움이 필요한 사람들에게 도움을 주면 서로에게 큰 행복이구나. 봉사는 행복의 첫걸음이라는 것을 느낄 수 있었다.

우리 집은 매년 할머니에게 김치를 얻어먹었다. 할머니가 맛있는 김치를 매년 보내주셔서 너무 감사했다. 그러다 문득 어머니랑 나는 직접 가서 김장을 도와야겠다고 생각했다. 처음으로 내가 먹을 김치를 만드는 순간은 힘들었다. 할머니께서는 4남매에게 김치를 나눠주신다고 정말 많이 만들었다. 그렇게 어머니랑 나는 김장을 처음 도왔다.

매번 집에 오는 김치를 직접 담가보니 할머니의 정성을 느낄 수 있었다. 매년 힘든 일을 동네 어르신들과 같이하셨다. 우리는 먹기만 해서 몰랐다. 다른 사람들을 찾아가며 봉사하는 것도 좋다. 하지만 내 가족들을 찾아가서 같이 무언가를 했을 때는 더 큰 행복을 얻을 수 있었다. 김장철에 시간이 될 때는 어머니랑 같이 할머니네 내려간다. 같이 김장하며 할머니를 도와드리면 뿌듯한 시간이 됐다.

내가 할 수 있는 일을 하며 남을 도울 때가 가장 뿌듯했다. 그렇게 나는 행복의 첫걸음을 떼기 시작했다. 앞으로도 여러 사람에게 내가 할 수 있는 일을 해주며 행복을 나눠야겠다.

07

내 감정의 유통기한 정해주기

대부분 음식에는 유통기한이 표시되어 있다. 그 날짜까지는 판매가 된다는 뜻이다. 유통기한이 지나도 먹어도 되는 음식도 있다. 유통기한은 판매가 가능한 날짜이다. 소비 기한은 음식을 먹어도 되는 날짜이다. 이렇게 음식은 유통기한과 소비 기한으로 날짜를 정해준다. 날짜가 지나면 미련 없이 버린다.

우리의 감정도 유통기한이 필요하다. 슬픈 감정, 힘든 감정, 속상한 감정 등 힘든 감정들에는 유통기한을 붙여보자. 나를 아프게 했던 감정에 날짜를 지정해주자. 딱 그 날짜까지만 힘들고 잊기로.

나에게 일어난 일 중, 슬픈 영화 같은 한 장면이 있었다. 중학교 때 급식을 받는 중이었다. 급식을 받다가 내가 실수로 김치 통을 떨어뜨렸다. 떨어지자마자 담임 선생님께서 들어오셔서 할아버지께서 돌아가셨다는 소식을 전해주셨다. 나는 그대로 가방을 싸고 부모님의 차를 타고 장례식장으로 갔다. 갑작스러운 소식이었다. 영화 속 느린 장면처럼 김치 통이 떨어지면서 교실 문이 열렸던 기억은 아직도 생생하다.

어린 나이에 나는 믿을 수 없었다. 그냥 영화를 찍는 것 같았다. 주인공은 우리 가족들로. 장례식 3일 동안 많은 사람을 봤다. 장례식이 끝나고 화장터로 향했다. 나는 화장하는 모습을 보고 깨달았다. 현실이구나. 화장한 후 내가 유골함을 들었다. 그때부터 눈물이 멈추지 않았다. 현실을 깨달았다. 어린 나이에 너무 속상했다.

그동안 왜 있을 때 잘하라는 말이 있는지 깨달았다. 나는 중학생 사춘기 시절 할아버지께 못 해 드린 기억밖에 나지 않았다. 할아버지께서 부탁하면 그 3분이 귀찮았나 보다. 먼저 해드리지 못해 속상한 기억만 남았다. 너무 많이 울어서 도중에 유골함을 들 수 없을 정도가 되었다.

그때의 충격은 생각보다 오래갔다. 우리 집은 49재를 지냈다. 토요일마다 절에 갔다. 매주 가서 절하고 할아버지를 보내드렸다. 절에서 영혼이 이승을 49일 동안 떠돈다고 들었다. 그렇게 49일 동안 보내드리고 나니 한결 괜찮아졌다. 매일매일 조금씩 괜찮아지고 있었지만, 49재가 끝나면서 완전히 괜찮아졌다.

할아버지의 슬픈 기억은 49일 동안 아팠다. 어릴 때라 아파할 기간을 정해주진 않았다. 이때 이후로 힘든 일은 스스로 유통기한을 정해줬다. 엄청 슬픈 일이 있어도 며칠만 슬퍼하자면서. 그렇게 며칠이 지나면 거짓말처럼 괜찮아졌다.

슬픈 기억뿐만 아니라 즐거운 기억도 유통기한이 필요하다. 나는 오랫동안 즐거움에 빠져서 놀았다. 그랬더니 이후에는 노느라 성과가 나오지 않는 모습을 봤다. 그래서 '즐거움에도 기한이 필요하구나.'라고 느꼈다. 이제는 나의 일상이 무너지지 않게 며칠 동안 논다. 그때는 아무 생각 없이 즐긴다. 나에 대한 최고의 보상이다.

요즘에는 회사 다니다 보니 일상이 반복되었다. 반복된 일상에 나는 즐거운 일을 넣었다. 그러다 보니 우울은 끼어들 틈이 없었다. 우울한 감정이 와도 즐거운 일을 하다 보니 어느새 사라졌다. 일상 중에 매일 자신이 즐거워하는 일을 조금이라도 해야 한다. 그렇지 않으면 반복되는 일상에 가끔 우울함이 찾아올지도 모른다.

이런 나도 가끔 우울한 감정이 나를 덮칠 때가 있다. 종일 아무것도 하기 싫은 날이 있다. 이런 날은 하루 정도는 푹 쉬었다. 그렇다고 종일 우울한 감정에 나를 맡기지는 않았다. 푹 쉬면서 종일 밖에서 보내려고 노력한다. 사람들 사이에 있어야 우울한 감정이 금방 사라진다.

혼자 있으면 우울은 늪이다. 한번 빠지게 되면 점점 나를 속으로 데려간다. 결국 나중에는 혼자 나오지 못하는 경우가 생긴다. 그렇기에 나는 우울한 감정이 찾아오면 밖으로 나간다. 카페에 가서 좋아하는 음료를 시켜서 먹는다. 카페에서 딱히 뭘 하진 않는다. 앉아서 사람들을 구경한다.

나는 혼자 사람들을 구경하는 걸 좋아한다. 바쁘게 움직이는 사람들, 카페에서 공부하는 사람들, 친구들끼리 모여서 이야기하는 사람들. 보고 있으면 나도 점점 생기가 돈다. 우울했던 감정이 사라지고 무엇이든 할 마음이 생긴다.

나는 큰 슬픔이 두 번 있었다. 두 번째 슬픈 경험은 나의 소중한 친구와의 이별이었다. 나의 아버지나 어머니도 친구와의 이별은 아직 없었다. 나는 29세에 소중한 친구와 이별했다. 친구는 호주에 살고 있었다. 호주에 사는 친구와 카톡으로 연락을 주고받았다. 그리고 가끔 호주에 사는 친구가 카카오톡 음성 전화로 전화했다.

나는 가끔 전화 오는 게 타이밍이 맞지 않아서 귀찮을 때도 있었다. 언제든지 친구와 전화를 할 수 있을 거라는 생각을 했다. 친구가 호주에 간 지 4~5년이 되었고, 매번 전화가 왔기 때문이다.

친구와의 이별은 갑작스럽게 찾아왔다. 회사 점심시간에 친구에게 전화가 왔다. 호주 친구를 보내줘야 한다고. 나는 정말 믿을 수가 없었다. 저번 주까지만 해도 나랑 카톡 하던 친구였다. 그래서 거짓말하지 말라면서 믿을 수 없다고 했다. 친구네 어머니께서는 우리를 장례식장으로 부르진 않았다. 나는 어머니의 배려를 충분히 이해했다. 거기에 갔으면 충격에 빠져 오랫동안 헤어나오지 못했을 것이다.

우리는 날짜를 정해서 납골당으로 갔다. 가기 전날 친구들이 모여서 같이 잠을 잤다. 모여 있는 동안에도 오랜만에 외국에서 온 친구를 만나러 가는 기분이었다. 친구 차를 타고 납골당에 도착해서 친구를 만났다. 친구의 얼굴 대신 유골함을 봤다. 영화에서만 보던 납골당 장면이었다.

유골함이 엄청 많았고 그 사이에 친구의 유골함이 있었다. 다른 유골함에는 사진도 많았는데 내 친구는 아직 없었다.

나는 눈물이 많이 났다. 혼자 눈물이 많아서 다른 칸에 가서 울었다. 친구들이 보러 오면 그냥 다른 유골을 보는 척했다. 나 혼자 우는 상황을 보여주기 싫었다. 29세에, 젊은 나이에 친구를 보냈다. 눈물이 나면 주변에 친구보다 어린 사람들은 없나 괜히 찾아봤다.

매년 같은 날짜에 친구를 보러 가기로 마음먹었다. 다른 친구들은 어떻게 할진 모르겠지만 나는 매년 가기로 나와 약속했다. 왜 항상 못 해준 것만 기억에 남는지 모르겠다. 내가 먼저 한 번도 전화를 건 적 없었고, 카톡도 다음 날 답장하는 날도 많았고, 호주에 한 번 가겠다고 해놓고 시간 한 번 못 냈다. 친구에게 매년 가는 대신 나는 1주일만 속상해하기로 했다. 1주일 동안은 많이 생각했다. 그리고 1주일이 지나고 나선 점점 생각하는 횟수가 줄었다. 아직도 문득 친구의 기억은 찾아온다.

슬픈 일이나 즐거운 일이나 감정의 유통기한을 정해주는 건 중요하다. 내가 계속 일상을 지킬 수 있도록 해주는 장치이다. 음식은 유통기한을 넘기고 계속 가지고 있으면 상한다. 감정도 계속 가지고 있으면 골이 깊어진다.

사람마다 감정을 극복하는 데 걸리는 시간이 다르다. 개인마다 본인에 맞게 감정을 충분히 느낄 시간을 정해주면 좋다. 대신 시간이 지나면 조금씩 나아지기로 약속하면서. 언제까지 그 감정에 빠져서 살 순 없다. 친구도 나에게 그걸 원하지는 않았을 것이다. 친구를 위로하는 마음이 짧다면 짧았을 수도 있다. 나는 매년 찾아가면서 매년 하루 동안 위로하려 한다.

유통기한이 지나도 극복하지 못하는 감정은 음식의 소비 기한처럼 날짜를 조금 더 줘도 괜찮다. 충분히 감정을 느끼고 빠져나와야 한다. 감정의 늪에 빠지면 한없이 빠지기 때문이다.

08

시가 주는 행복에 빠져보기

초등학교 때 시 암기하는 대회가 있었다. 학기마다 10개의 시를 암기하여 발표하는 대회였다. 나는 매년 시를 외우는 대회에 참가했다. 유일하게 내가 상을 탈 기회였기 때문이다. 대회전에 나는 시를 10편 받는 순간 너무 설레었다. 읽을 때마다 시가 내게 주는 여운을 느끼는 것이 너무 좋았다. 어릴 때는 몰랐지만 함축된 의미가 좋았던 것 같다. 내가 상상하며 읽을 수 있는 그 느낌이 좋았다. 그렇게 시와 친해졌다.

그래서 초등학교 때 나도 시를 썼다. 어머니께 가져가서 자랑했다. 내가 쓴 시라면서 몇 개 들고 갔다. 어머니는 칭찬해주셨다. “시를 참 잘 쓰네.”라고. 몇 번 하다가 흥미가 떨어졌는지 금방 그만뒀다.

고등학교 때 수능 공부를 하면서 시가 더 좋아졌다. 나는 시를 좋아해서 수능에서 나오는 시 부분은 다 맞으려고 노력했다. 시가 주는 함축된 의미를 알아가는 건 너무 좋았다. 물론, 정해진 답으로 맞춰가려고 노력은 했다. 내가 이해한 의미가 다를 수도 있다는 건 아쉬웠다. 그래도 노력한 끝에 문학 시 부분은 만점을 맞을 수 있었다. 시를 어려워하는 친구들이 많아서 뿌듯했다. 설명은 잘할 수 없었다. 나는 시 속에 빠지는 느낌이었기 때문이다.

시를 쓴 사람들이 수능 문제를 보면 대부분 맞출 수 없다고 했다. 본인이 쓴 의미와 출제자가 원하는 느낌이 달랐다. 시는 그렇게 많은 느낌으로 해석될 수 있는 것이다.

나는 항상 시를 읽으면 세상이 느리게 흘러가는 기분이었다. 마치 시 속에 내가 빠진 느낌이다. 대부분 시는 쉽게 상상할 수 있게 쓰여 있었다. 나는 시를 읽으며 시를 쓴 사람처럼 상상의 나래를 펼치곤 했다.

시를 읽으면 잠시 마음이 평화로워진다. 시를 쓴 사람의 상상에 들어가는 기분이다. 그렇게 지친 현실에서 벗어날 수 있다. 시는 사람들을 위로해주고, 행복하게 해준다. 시집은 가끔 잘 읽힐 때가 있다. 내가 위로받고 싶을 때 특히 잘 읽힌다.

지친 몸으로 시집을 펴면 나도 모르는 위로를 받는다. 거기 안에 단어들이 나를 감싸 안아준다. 시 안에 표현되어 있는 여운은 나를 잠깐 생각하게 기다려준다. 함축된 의미 또한 나를 기다려준다. 그렇게 나는 시가 주는 위로에 빠진다.

시는 내가 못 해주는 일들을 해주기도 한다. 남들을 위로하거나 그 사람의 상황에 맞는 말을 못 해줄 때가 있다. 나는 시를 읽다가 상황에 맞는 시를 발견하면 친구에게 보내준다. 그 상황에 내가 해줄 수 없는 위로를 시로 달래본다.

어느 날 어머니께서 시집을 선물로 받아오셨다. 매일 시를 조금씩 읽으시며 나에게 말씀하셨다. "너도 저 시집 가져가서 읽어봐. 정말 좋은 시가 많더라."라고 하셨다. 시집을 받은 건 처음이었다. 나에게는 고등학교 때 읽었던 시가 마지막이었다. 가끔 책을 읽다가 시가 도중에 있으면 멈추고 시를 읽은 게 전부였다.

처음 시집을 받아들고 천천히 읽어봤다. 그동안은 독서에 빠져 많은 책을 읽으려 노력했다. 빠르게 읽기도 하고 더 많이 읽으려고 욕심냈다. 시집도 어느 순간 그렇게 읽고 있었다. 시를 온전히 감상하지 못하고 있었다. 나는 다시 처음부터 천천히 읽었다. 시가 주는 여운에 천천히 빠져들었다.

시는 감동을 줬다. 회사 일하며 지친 나를 위로해줬다. 짧은 한 페이지에 있는 글들이 나를 안아주는 느낌이었다. 시집을 다 읽으시고 어머니는 위로받으셨다. 나도 위로하고 싶으셨는지 시집을 선물해주셨다. 나는 어머니의 마음을 알 수 있었다. 나는 시를 읽으면서 지친 삶을 위로받았다.

우리는 너무 빨리 변하는 세상 속 삶에 익숙해졌다. 그리고 한국 사회는 '빨리빨리' 문화가 있다. 모든 게 급하다. 오죽하면 해외에서 무슨 일이 생겼을 때 한국인을 따라가면 시간을 아낀다는 말도 있다. 물론 빨리빨리 하는 게 좋을 때도 있다. 시간을 단축하고 다른 일에 시간을 더 쓸 수 있기 때문이다. 하지만 우리는 너무 빠르다.

인터넷에 있던 글이 있다. 비행기를 타려고 외국인과 한국인들이 모두 기다리는 상황이었다. 그때 비행기에 실었던 짐을 빼는 것을 한국인이 목격했다. “짐 뺀다. 무슨 일 있나 봐.”라고 외쳤다. 한국 사람들은 약속이라도 한 듯이 가서 줄을 섰다. 눈치를 보던 외국인도 같이 줄을 섰다. 빠르게 짐을 챙기고 다음 안내를 기다렸다. 한국인들의 빠름을 감탄하는 외국인들도 있었다. 이런 상황은 빠르게 알아차리고 행동할수록 좋다. 하지만 가끔은 느리게 가야 보이지 않던 것들도 보인다.

매일 바쁘게 출근하던 출근길에도 예쁜 꽃이 핀다. 바쁘게 가느라 보지 못했던 꽃들이 퇴근길에는 보인다. 느긋하게 걸어가면서 보지 못했던 꽃들을 본다. 출근하며 행복을 주던 오리들도 감상한다. 오리들을 보고 있으면 마음이 편해진다. 가끔은 왜 그렇게 급하게 살았나 싶기도 하다.

안도현 시 「너에게 묻는다」 中 연탄 한 장이라는 시이다.

연탄재 함부로 차지 마라
너는
누구에게 한 번이라도 뜨거운 사람이었느냐

나는 어릴 때 연탄재가 무엇인지 몰랐다. 집에는 보일러가 있었기 때문이다. 하지만 할머니 댁에 겨울에 가서 알았다. 까만 연탄이 쌓여 있었다. 그리고 다 쓴 연탄도 볼 수 있었다. 연탄재가 우리의 겨울을 따뜻하게 해주고 있었다.

나는 연탄재만큼 뜨거운 사람이지 못했다. 그래서 더 여운이 남는다. 연탄재는 자기 한 몸을 희생한다. 그렇게 까맣던 연탄 색이 바래진다. 우리의 겨울을 뜨겁게 지켜준다.

우리는 바쁘다는 핑계로 소중한 사람을 외롭게 둔 적이 없는지 생각해봐야 한다. 항상 일이 바빠서라며 놓치고 있는 게 있다. 아기들도 돌아보면 어느 순간 엄청나게 성장했다. 일이 바빠서 아이들의 성장 과정을 놓치면 너무나 아쉬울 것이다.

우리는 소중한 사람들을 외롭게 해서는 안 된다. 혼자 잘 먹고, 잘 사는 게 목표라면 상관없다. 본인의 행복을 위해서라면. 하지만 가족들과 함께 산다면 가끔은 가족들을 위해 시간을 내주면 좋을 것 같다.

육아에 지친 사랑하는 사람이 있다. 매일 놀러 가자고 조르던 아이들도 있다. 가끔은 바쁜 일상에서 벗어나 소중한 시간을 만들어보자. 내가 바빠서 놓치고 있던 가족들의 이야기를 들을 수 있다. 가끔은 서로에게 위로가 되고 힘이 되어줄 수 있다.

소중한 추억들은 기억에 오래 남는다. 행복하게 기억된다. 나도 어릴 때 부모님과 갔던 여행들이 기억에 남는다. 사진을 보면 너무 어려서 기억이 나지 않는 여행도 있다. 하지만 사진 속에 나는 항상 웃고 있었다. 그 당시에는 정말 재밌고 행복했나 보다.

너무 바쁜 일상을 사는 사람들에게 시집을 선물해주고 싶다. 내가 해주지 못하는 위로를 대신 시로 해주고 싶다. 가끔은 천천히 가야 보이는 것들이 있다고 알려주고 싶다. 시로 행복을 전해주고 싶다.

가끔은 주변 사람들에게 책 말고 시집을 선물해보는 것도 좋다. 책 선물했을 때와는 정말 다른 반응이 온다. 책을 받았을 때는 저렇게 두꺼운 걸 언제 다 읽을까 하는 생각이 든다. 시집은 다르다. 한 번 펴서 한 장 읽으면 끝난다. 하루에 시 한 편이면 한 장, 두 장에서 끝나서 마음 편하게 읽을 수 있다.

시집을 선물 받은 사람들은 보통 시에 대한 느낌으로 답장해준다. "나에게 위로되는 시가 많아서 좋았어.", "요즘 너무 외로웠는데 고마워."라면서. 가끔 천천히 시가 주는 행복에 빠져보자.

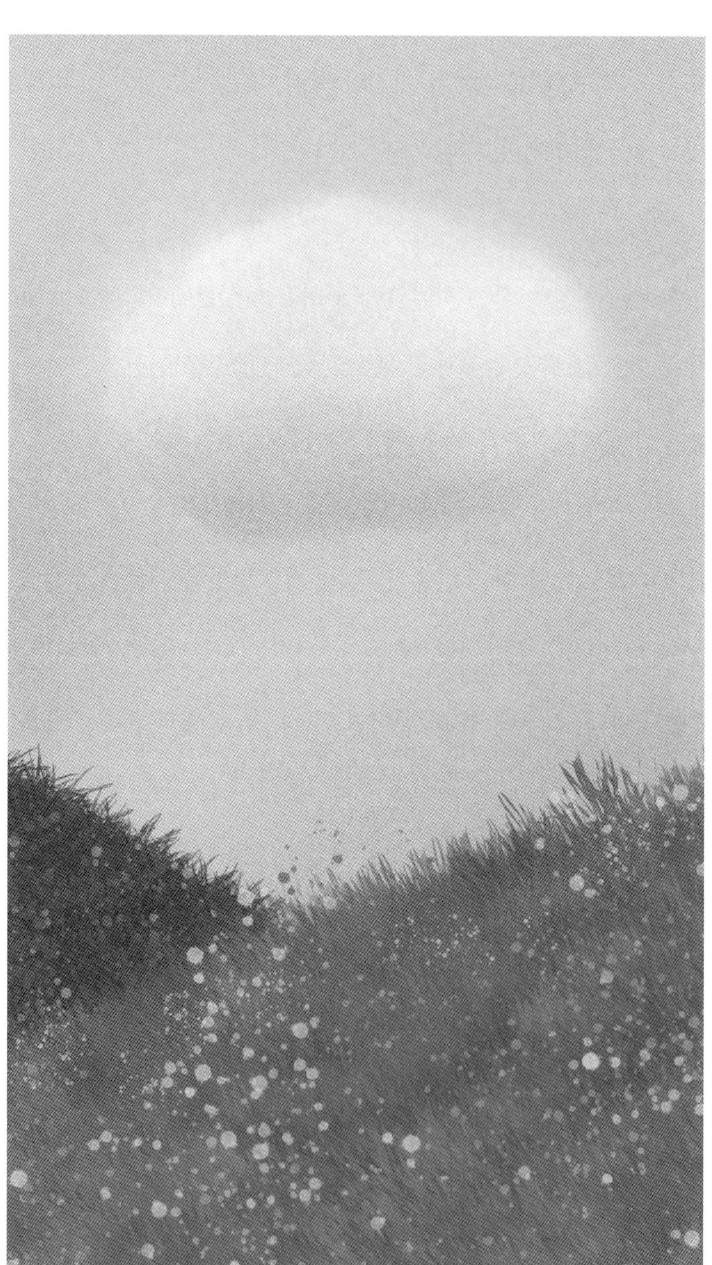

5장

누구나 이유 없이 행복해질 수 있다

01

누구나 이유 없이 행복해질 수 있다

행복에는 돈이 들지 않는다. 행복에는 이유가 필요하지 않다. 주변에 행복한 사람들을 보며 묻는다. "당신은 왜 행복해요?"라고. 행복한 사람들 대부분은 대답한다. "행복에 이유가 있나요. 주변 모든 게 나에게 행복을 줘요."

주변에는 행복한 일이 넘친다. 우리가 바라보는 시각이 다를 뿐이다.

컵에 물이 반이 차 있는 상황을 보고 다른 반응을 보이는 것처럼. 누군가는 "컵에 물이 반이나 있네."라고 말하고 누군가는 "컵에 물이 반밖에 안 남았어."라고 한다. 우리는 바라보는 시각을 긍정적인 것으로 바꿔야 한다. 긍정적인 시각으로 바라볼 때 주변은 행복으로 가득하다. 나에게 행복이 다가온다. 행복한 사람 곁에는 행복이 친구 하자며 계속 다가온다.

나는 대학교 때 '해외여행을 많이 가보자!'라고 생각했다. 직장 생활을 하면 해외여행을 갈 시간이 없을 것만 같았다. 지금 생각하면 최고의 선택이었다. 전 세계적으로 번진 코로나로 해외여행이 멈췄다. 그렇게 미리 나는 해외여행에 대한 추억을 쌓았다.

가까운 중국으로 여행을 가기로 했다. 비행기만 타면 2시간이면 도착하는 거리. 중국 유학 중인 친구에게 가까우니까 시간 내서 한번 가겠다고만 했다. 친구가 유학 끝날 때까지 나는 중국을 안 갈 줄 알았다. 하지만 나는 친구들과 중국 여행을 계획했다. 중국 상하이로 갔다.

친구가 함께 우리와 상하이를 다녀주며 통역사 역할을 했다. 우리는 여행하기 너무 편했다. 그리고 심지어 친구가 물건 가격을 흥정까지 해줬다. 저렴한 가격에 우리는 기념품을 살 수 있었다. 그리고 저녁이 되어 불빛이 들어온 상하이 거리는 예뻤다. 온통 황금색의 느낌이 났다. 어두

운데 금빛으로 물든 거리는 정말 아름다웠다. 보고 있는 것만으로도 행복했다.

우리는 마지막 전날 숙소를 다른 곳으로 잡았다. 우리는 수향마을로 가기로 했다. 상하이 근처 수향마을도 많았다. 친구들 모두 시골을 좋아해서 지방 쪽으로 가기로 정했다. 그렇게 지방으로 출발했다. 하필 우리가 가기 전날 폭설이 내렸다. 그래서 한 번에 가는 버스 편이 모두 끊겼다. 하지만 우리의 숙소는 거기밖에 없었다. 그래서 우리는 숙소를 향해 가야만 했다.

우리는 최대한 갈 수 있는 곳까지 버스를 타고 갔다. 최대한 가고 남은 거리는 택시를 타기로 했다. 택시로도 1시간 넘게 가야 했다. 먼저 거리가 너무 멀어서 가격 협상을 하고 친구들과 택시 2대를 잡았다. 나의 택시엔 유학생이 타고 있었다. 통역이 돼서 편했다. 다른 택시는 통역 애플리케이션을 켜고 왔다. 우리와 전화하면서. 택시 기사 두 분은 서로 아는 사이였다. 그래서 택시 기사분들도 전화하면서 왔다. 대화를 번역 앱으로 들으니 "택시 한 대에는 중국어 할 줄 아는 사람 있음. 여기는 중국어 할 줄 아는 사람 없음."이라고 했다. 유학생 친구가 없는 택시는 납치되는 줄 알고 무서웠다. 정말 무모하게 수향마을로 갔다.

지금 다시 생각해봐도 무서운 상황이었다. 지금 간다면 아마 숙소를 취소하고 주변 수향마을을 구경했을 것 같다. '다음에도 중국 올 기회는 있으니까.'라고 생각하며. 우리는 택시에서 내려 숙소로 갔다. 우리는 "서로 진짜 납치되는 줄 알았다. 통역 앱이 정확한 거 맞냐. 너무 무서웠다."라고 했다.

여행하다 보면 가끔 생각하지도 못한 위기도 온다. 그걸 이겨나가는 게 여행의 묘미인 것 같다. 그러면서 또 재미있는 여행이 되고 엄청난 추억이 된다. 정말 기억에 남는 여행이 되었다.

전날 저녁에는 늦게 도착해서 관광지 볼 시간이 30분밖에 없었다. 우리는 30분이라도 알차게 보내자고 이리저리 뛰면서 사진을 찍었다. 30분이 그렇게 빨리 갈 수가 없었다. 관광지에서는 세상이 하얀 모자를 쓰고 있는 기분이었다. 하얀 모자를 쓴 마을 같았다.

여행하고 저녁에 숙소에서 짐을 풀고 먹는 맥주는 우리를 정말 행복하게 해주었다. 우리는 수향마을의 저녁을 잊을 수 없었다. 다음 날 수향마을은 더 멋져 보였다. 너무 힘들게 와서 그런지 정말 예뻤다. 그리고 눈이 온 수향마을은 인터넷에서 보던 것과 달랐다. 눈이 잘 안 오는 지역이었는데, 눈이 와서 영화에서 보던 그림이 형성됐다.

나는 친구들과 펜션 여행을 갔었다. 장소는 가평이었다. 우리는 대중교통을 타고 이동했다. 어느 정도 물건을 사 왔기에 마트는 갈 필요가 없을 줄 알았다. 하지만, 항상 여행에선 예외의 상황이 생긴다. 우리가 가져오지 않은 물건이 많았다. 결국 마트에 가야 했다.

마트는 차를 타고 12분 거리였다. 차가 없는 곳이라 걸어가면 1시간 넘게 걸렸다. 우리는 또 버스를 기다리기로 했다. 시골이라 그런지 버스 배차 간격이 너무나도 길었다. 심지어 끊겼을 수도 있다고 생각했다. 막 6시가 넘어가고 있었기 때문이다.

초반에는 버스를 기다리며 행복했다. 사진도 찍고 여행 와서 추억을 남길 수 있었기 때문이다. 10분, 20분이 흐르고 점점 추워졌다. 겨울에 움직이지 않고 버스를 기다리는 건 너무나도 고통이었다.

친구 한 명이 가평이 고향이었다. 가평 분들이 인심이 좋다면서 히치하이킹을 하자고 했다. 그래서 우리는 히치하이킹을 하기로 했다. 4명을 모두 태울 수 없으면 2명만이라도 허락받아서 마트까지만 가보기로.

그렇게 10분이 지나도 도로 위에 차들은 멈출 생각이 없었다. 그러다가 마트 차가 지나갔다. 우리를 보며 멈춰서 태워주셨다. 어디까지 가냐는 질문에 "저희 마트 가요. 마트로 부탁드려도 될까요?" 얼른 대답했다. 기사분께서 본인 마트로 태워주셨다. 그렇게 돌아올 때도 타고 돌아올 수 있었다. 너무 감사했다. 하마터면 길에서 얼어붙을 뻔했다.

필요한 물건을 사서 숙소로 들어갔다. 따뜻한 곳에 들어오니 온몸이 녹았다. 우리는 너 나 할 것 없이 미소를 띠었다. 행복한 경험이었다. 딱히 웃음에 이유가 있진 않았다. 그냥 단지 집에 잘 도착했다는 안도감이었던 것 같다.

남들에게 도움을 받거나 도움을 줄 때 가장 행복하다. 이유 없는 행복이 찾아온다. 나는 남들에게 내가 알고 있는 지식을 알려줄 때 가장 행복했다. 대학교에서 지식을 나눠주는 많은 활동을 했다. 그러다 보니 자연스럽게 사람들을 많이 모을 수 있었다. 그리고 모인 사람들에게 지식을 나눠주며 행복을 전달할 수 있었다.

나는 남들을 도와주는 일에서 가장 쉽게 행복을 얻을 수 있다. 내가 알고 있는 지식을 통해서 하는 봉사는 행복을 얻기 더욱 쉽다. 배운 사람이 성장해가는 모습을 보며 뿌듯함을 느끼기도 한다. 나를 넘어섰을 땐 기분이 더 좋다. 내가 키운 영웅 같다.

이렇게 대가 없는 나눔을 실천했을 때 서로 행복해진다. 쉽게 행복이 찾아온다. 배우는 사람은 감사함을 느낀다. 가르치는 사람은 배우는 모습을 보며 뿌듯함을 느낀다. 서로 성장할 수 있는 좋은 방법이다. 사실

지식을 나눌 때는 가르치는 사람이 더 많이 배운다. 가르치려고 준비하는 시간 동안 더 많은 공부가 된다. 가르치면서 생각지도 못한 질문을 받았을 때는 더 큰 공부가 된다. 다음번에는 질문 내용도 준비해야 하기 때문이다.

남들에게 행복을 나누다 보면 행복이 찾아온다. 나는 지식을 나눌 때도 행복이 찾아왔다. 도움을 받고 나서는 더 큰 행복이 찾아왔다. 사람들은 바라지 않고 행복을 찾을 수 있다. 무언가를 바라고 나누면 행복이 사라진다. '내가 이만큼 해줬는데 이것밖에 못 해줘?'라는 생각이 불행의 시작이다.

대가를 바라고 한 나눔은 불행이다. 언제나 나의 생각만큼 돌아오지 않는다. 대가 없는 나눔으로 우리는 모두가 행복해질 수 있다. 사람들에게 나눠주는 행복은 돈이 들지 않는다. 나의 재능을 많은 사람에게 알리자. 그렇게 많은 사람에게 행복을 주자.

02

지금, 이 순간, 행복하기

삼수가 끝나고 예식장 아르바이트를 했었다. 친구를 따라 예식장에 처음 갔다. 아르바이트하는 곳에는 나보다 어린 동생들도 많았다. 나는 동생들에게 일을 배웠다. 첫날에 하게 된 일은 손님들이 식사를 마친 접시 치우기였다. 접시를 열심히 치우고 있었다. 사회자가 나와서 행사를 진행했다.

예식장의 위치는 서울시 강서구에 위치한 화곡역 주변에 있었다. 사회자는 "여기서 제일 멀리서 오신 분!!" 하면서 물었다. 제일 멀리서 오신 분에게 상품을 준다고 했다. 부산 사람이 손들며 "저요!"라고 외쳤다. 제주도에서 오신 분도 계셨다. 더는 없을 것 같았다. 조용히 고민하시다가 손들었다. "해외 유학생인데 어제 왔는데 괜찮나요?" 해외에서 오신 분이 상품을 받아 갔다. 사회자는 해외 유학생을 인터뷰했다. 지금 기분이 어떠세요? "지금, 이 순간 너무 행복해요! 저를 유학 보내주신 부모님 감사합니다!" 짧은 소감으로 끝났다.

우리는 상품을 받는 순간에 엄청 행복하다. 우리가 순간 행복해지는 경우는 많다. 예를 들면 버스를 타러 나가는 경우다. 버스를 타러 나갔는데, 바로 내 앞에 버스가 올 때 우리는 운이 좋다고 생각하며 행복해진다. 또한, 신호등 있는 건널목을 건너려고 섰는데 신호가 바로 바뀔 때도 똑같다. 순간 행복해지는 경우는 참 많다. 우리는 그렇게 하루를 시작하면 종일 기분이 좋다. 무언가를 해도 다 될 것 같은 날이다.

반대로 눈앞에서 내가 탈 버스가 가버린다면 종일 투덜댄다. '오늘 아침부터 되는 일이 없네.'라면서. 그렇게 종일 되는 일이 없다. 불평하면 할수록 불평할 일만 생긴다.

우리에게 멋진 일이 일어났을 때의 기억은 3개월이면 잊힌다. 멋지고 기쁜 일이 일어났다는 사실조차 잊어버린다. 『타이탄의 도구들』에서 '나에게 일어난 멋진 일들'을 저장하는 병을 가지라고 추천한다. 이 병은 외롭고 쓸쓸한 사람들에게 매우 지혜로운 처방이다. 우울할 때 병 속의 종이를 꺼내서 읽으면 새로운 힘과 에너지를 얻을 수 있다.

병을 가지고 있는 것만으로도 크게 위로가 된다. 병 속에 내가 적은 멋진 일들이 많기 때문이다. 하루에 하나씩 나에게 일어난 멋진 일들을 적어서 병에 넣어보자. 그렇게 병이 차면 나의 행복도 차오를 것이다. 힘들 때 하나씩 꺼내서 읽어보자. 꺼낸 글을 읽으면 '나에게 이렇게 멋진 일도 있었구나.'라고 느낀다. 그러면서 활기찬 하루를 시작하게 된다.

시각화해서 갖는 것은 엄청난 효과를 준다. 이 병은 긍정의 시각화이다. 나에게 일어난 멋진 일들을 적음으로써 시각화할 수 있다. 기억의 유통기한인 3개월을 지나 평생 기억되는 멋진 일들이 생긴다.

병에 정말 적을 게 없을 수도 있다. 그럴 때는 '오늘 하루도 별일 없이 지나갔다.'라고 적자. 별일 없이 지나간 건 행운이다. 나쁜 일이 나에게 일어나지 않은 멋진 날이기 때문이다.

영국의 정치가 벤저민 디즈레일리는 "행동이 항상 행복을 가져다주지는 않는다. 하지만 행동 없는 행복은 존재할 수 없다."라고 말했다. 우리가 시각화하는 행동이 항상 행복을 가져다줄 순 없다. 하지만 이러한 행동이 없다면 우리의 행복은 기억에서 사라진다.

친구들과 축구를 하러 가면 행복한 순간이 있다. 내가 골을 넣었을 때이다. 골을 넣은 순간이 그렇게 행복하다. 축구를 하면서 더는 못 뛸 것 같은 순간이 온다. 골을 넣고는 친구에게 달려가며 세리머니까지 한다. 순간 행복한 감정은 우리에게 큰 힘을 준다.

나는 축구할 때 골키퍼 역할을 하는 것을 좋아한다. 공을 잘 못 찬다는 압박감이 있기 때문이다. 골키퍼는 항상 남는 위치였다. 축구를 좋아해서 골키퍼 역할을 맡으면 항상 축구의 핵심 인원으로 들어갈 수 있었다. 그리고 위기의 순간에 막은 한 골은 우리 팀이 넣은 한 골 이상의 가치가 있다. 팀의 분위기까지 끌어올릴 수 있다. 모두가 하기 싫어하는 골키퍼 역할을 열심히 하다 보니 사람들은 중요한 경기에 날 찾았다.

대학교 때 정말 잘하는 골키퍼를 만났다. 나도 골키퍼를 좋아해서 그 사람의 경기를 봤다. 그 사람은 축구를 정말 잘했다. 골키퍼지만 모든 프리킥을 본인이 찼다. 그만큼 공을 차는 거에 자신이 있는 사람이었다. 나는 공을 차는 게 무서워 골키퍼 역할에 관심을 두었는데 그 사람은 달랐다. 공 차는 게 좋아서 골키퍼가 되었다. 골키퍼는 항상 공을 멀리 보내줘야 했기 때문이다.

그 사람이 있는 팀은 항상 든든했다. 누구의 공도 정말 잘 막았다. 그렇게 체육대회에서도 좋은 성적을 거둘 수 있었다. 누군가가 든든하게 자리를 지켜주는 건 마음이 안정된다. 그렇게 편안하게 각자의 플레이를 할 수 있었다. 축구 친선 경기는 끝나고 나면 다들 즐거운 표정으로 헤어진다. 순간의 재미를 즐겼기 때문이다.

축구는 보는 사람도 즐겁게 하는 경기이다. 우리나라에서 축구가 제일 인기 있었을 때가 있다. 바로 2002년 한일 월드컵이다. 그때 세계에 붉은악마를 알릴 수 있었다. 축구 경기가 있는 날은 많은 사람이 밖으로 나왔다. 나도 초등학교 때 종합운동장에 가서 응원했다. 그렇게 많은 사람이 모였다. 거리에도 사람이 모였다. 자동차가 지나다닐 틈이 없었다.

아직도 우리는 기억한다. "대한민국", "오 필승 코리아" 대한민국을 외치면 자연스럽게 박수를 친다. 보는 즐거움을 처음 느꼈다. 골을 넣을 땐 모르는 사람도 같이 안고 좋아했다. 그 순간만큼은 모두가 하나였다. 그렇게 우리는 하나가 되어 응원하며 4강을 축하했다.

축구가 끝나면 여운이 가시지 않았다. 다들 너도 나도 축구 얘기였다.

그때의 영웅들은 아직도 이야기된다. 박지성의 포르투갈 전 골 장면, 안정환의 반지 세리모니, 이운재의 승부차기 선방 등 많은 명장면을 남겼다. 우리에게 행복한 순간을 많이 만들어준 월드컵이었다.

벌써 20년이나 돼서 점점 잊힌다. 하지만 월드컵이 시작되면 어김없이 그때의 장면을 보여준다. 우리는 장면을 보며 기억이 새록새록 난다. 그때의 행복감이 생각난다. 그때의 짜릿함이 다시 올라온다.

나는 어릴 때의 행복한 기억들은 잘 기억나지 않는다. 부모님과 함께 갔던 제주도 여행은 기억에 없다. 사진만 있다. 부모님께서 말해주는 제주도 여행은 나에게 없었다. 나는 그래서 제주도를 성인이 되고 난 이후에 처음 간 줄 알았다. 부모님이 사진을 보여주며 알려주기 전까지는. 사진에는 행복하게 웃고 있던 내가 있었다. 사진을 보며 부모님은 추억하시며 웃으신다. 나를 처음 데리고 갔던 제주도 여행은 기억에 선명하게 남으셨다. 사진으로 영원히 기억에 남겼다.

우리가 행복했던 순간을 떠올리는 것만으로 행복이 다시 찾아온다. 잊혀 있던 멋진 순간들이 나에게 힘을 준다. 항상 행복은 행복을 끌어당긴다. 그래서 우리는 행복한 순간을 간직해야 한다. 우리에게 소중한 사진첩이 있다. 부모님과 함께 한 멋진 여행들이 있다. 성인이 된 우리는 멋진 순간들을 병에 넣어보자. 병에 넣은 글을 보면 사진첩을 열었을 때처럼 행복한 기억이 피어난다.

우리에게 지나온 많은 행복한 순간들이 있다. 우리는 기억을 못 할 뿐이다. 행복하고 멋진 일들을 기억하기 위해 적어놓는 습관을 기르자. 그렇게 우리의 멋진 일들을 기억하자. 우리에게 지친 날이 온다면, 적어놓은 글을 보자. 우리에게 이렇게 멋진 날이 있었다. 그렇게 활기찬 하루를 보내자.

아침에 운 좋게 타이밍이 맞아떨어진 일들도 우리를 종일 행복하게 해준다. 그렇게 이 순간이 행복해진다. 앞으로도 많은 순간이 행복할 것이다. 우리의 멋진 순간을 기억하자.

03

행복의 주인공은 바로 나 자신이다

사람들은 자신의 삶을 타인에게 맡기고 있다. 본인의 삶의 방향이 정해지고 목표가 확실하면 타인의 중요성은 약해진다. 방향이 명확하지 않을 때 주위의 소리에 크게 흔들린다.

본인의 사업 철학을 가지고 사업을 하시는 분들이 계신다. 이분들은 주변의 소리에 크게 흔들리지 않는다. '누가 이걸로 돈을 벌었대.', '요즘은 이걸로 돈 버는 시대래.'라는 소리에도 흔들리지 않게 된다. 본인의 길을 묵묵하게 걸을 뿐이다. 자신의 철학과 맞지 않는 일은 하지 않는다.

우리도 우리만의 철학이 필요하다. 주변 소리에 흔들리지 않고 나의 길을 갈 수 있는 철학이 필요하다. 우리도 인생철학을 가져야 할 때이다. 나는 '할 수 있다.'라는 마음을 가지고 있다. 내가 하고 싶은 것을 할 수 있다고 믿는다. 그리고 그렇게 행동한다. 주위에서 할 수 없을 것 같다는 의견은 잠시 미뤄둔다. 실제로 했을 때 결과가 좋지 않아도 그 과정에서 배운다. 그렇게 나는 성장한다.

"시작하기 전부터 성공을 예감하라. 승자라면 어떤 게임을 하든 성공할 것이라는 기대를 갖고 시작한다. '하고 싶지만 할 수 있을지 모르겠어.'라는 말은 패자의 말이다. 승자는 이렇게 말한다. '하고 싶고 할 수 있어!"작가이자 컨설턴트인 데니스 웨이틀리의 말이다.

승자는 할 수 있다고 생각한다. 생각은 실천으로 옮겨지기 쉬운 말이다. 하지만 패자는 다르게 생각한다. 잘 모르겠다고 말한다. 이 말은 실제 행동으로 옮기기 어렵게 만든다.

내가 결심한 생각이 될 수 있다, 할 수 있다고 믿어도 행동으로 옮겨지긴 쉽지 않다. 하지만 될 수 있을지 모른다는 생각은 절대 행동으로 옮겨질 수 없다. 일단 부딪치고 깨져봐야 안다. 그렇게 성공으로 한 발씩 나아갈 수 있다. 성공한 사람들은 모두 가장 가난한 경험을 한 번씩 한 이유이다. 많은 사람이 빚더미에 앉았던 이유기도 하다.

나는 어릴 때 남의 기분을 살폈다. 친구들과 이야기를 하다가 친구의 표정이 안 좋아지면 불안했다. 나의 이야기 때문에 그랬을까 봐 걱정했다. 친구들끼리 대화하다 보면 한두 명은 갑자기 생각에 빠지는 일은 흔한 일이다. 나는 괜한 걱정을 항상 했다.

나는 카카오톡과 문자 메시지에도 분위기가 있다고 느낀다. 그래서 항상 메시지를 주고받다가 분위기가 달라지면 고민한다. '내가 무엇을 잘못 말했나?', '내가 잘못한 일이 있나?'라고 생각을 한다. 그렇게 나는 타인을 많이 신경 쓰며 살았다.

나는 나의 기분을 잘 살피지 못했다. 대부분 정작 중요한 나의 기분을 살피지 않는다. 정작 중요한 내가 빠져 있었다. 제일 가까이에 있는 나를 돌보지 않았다. 그래서 나의 기분은 주변의 기분에 따라 쉽게 바뀌었다.

나는 인생을 조연처럼 살았다. 사람들 주변에서 사람들의 기분을 살피며 살았다. 물론 조연도 중요하다. 사람들을 웃기고 사람들을 위로해주고 할 수 있다. 하지만 본인을 챙기면서 남을 도와야 한다. 본인의 재미와 행복을 먼저 찾고 사람들을 도왔을 때 주변 사람들도 더 행복하다.

나는 나의 행복을 고민했다. 주변 분위기를 살피며 신경 쓰는 자신이 싫었다. 그렇게 고민해본 결과 나는 주변을 행복하게 해줄 때 행복하다는 것을 깨달았다. 주변의 우울한 분위기가 싫었다. 그렇게 나는 만나는 사람들을 편하게 해주려고 노력했다. 그리고 밝은 분위기를 만들려고 노력했다.

회사에서 동기 모임을 하면 나는 분위기 메이커였다. 주변의 분위기를 살피고 살리려고 큰 노력을 했다. 갑자기 분위기가 좋아지지 않는 것을 본능적으로 느꼈다. 그럴 땐 분위기를 바꾸려고 시도를 많이 했다. 나로 인해 주변이 밝아지는 상황이 좋았다. 나는 그렇게 주변 분위기가 항상 행복한 게 좋았다.

나의 생일 때 동기 형이 선물과 문자를 보냈다. 문자 내용은 "우리 동기 사이에 분위기 메이커! 생일 축하해."였다. 너무 행복했다. 내가 인정받는 느낌이었다.

이런 장점은 어떤 회사 면접을 볼 때도 이야기했다. 회사 면접에서 "장점이 무엇인가요?"라고 했다. 나는 주변 분위기를 잘 맞춘다고 했다. 술자리에서 술은 잘하지 못하지만, 분위기는 잘 맞춘다면서. 그러자 면접관이 말했다. “여기 분위기 좀 띄워볼 수 있어요?”라고.

나는 너무 당황했다. 그렇게 얼굴이 빨개졌다. 주변 면접자들이 웃었다. 지금 같았으면 말했을 것 같다. “지금 이 상황으로 벌써 분위기가 많이 부드러워진 것 같네요. 주변 면접자들도 얼굴에 미소가 번졌어요!”라면서.

면접 질문이 너무 당황스러워서 주변 친구들에게 말했다. 갑자기 이런 면접 질문을 받았다고. 주변 사람들도 면접을 준비하는 시기였다. 어떤 한 사람은 이 상황을 듣더니 본인은 장기자랑을 준비했다고 했다. 본인도 그런 상황이 나오면 부끄러워하지 않고 바로 장기자랑을 할 수 있도록.

나는 친구들을 만나도 분위기 메이커를 자처한다. 친구들의 이야기에 귀를 기울인다. 유머는 공감대다. 우리끼리 이야기하다 보면 공감대가 형성된 이야기가 나온다. 나중에 분위기를 띄울 때 공감된 이야기를 슬쩍 던진다. 자연스럽게 친구들과 웃게 된다.

그래서 필리핀 여행을 가서도 나는 파이팅맨이 되었다. 친구들과 밝은 분위기로 여행을 즐기기 위해서 파이팅맨을 자처했다. 여행이 지치고 힘들 땐 항상 파이팅을 외치는 파이팅맨이었다. 그렇게 우리는 캐녀닝을 재밌게 마칠 수 있었다.

중학교 때부터 나는 친구들과 모여서 재밌게 노는 걸 좋아했다. 중학교 때 꿈은 모든 배달 음식을 시켜서 먹어보는 것이었다. 친구들과 함께. 중학교 졸업식 전에 친한 친구들을 모았다. 우리는 돈을 모아서 정말 모든 배달 음식을 시켰다. 족발, 보쌈, 피자, 치킨 등등 시킬 수 있는 음식은 모두 시켰다.

모인 인원도 많았다. 음식을 모두 제일 큰 크기를 시켰다. 하지만 음식의 종류가 많아서 각각의 양은 부족했다. 거의 전쟁이었다. 장갑을 끼고 모든 음식을 손으로 먹느라 바빴다. 그래도 친구들과 많은 음식을 시켜 먹는 상황은 행복했다.

많은 친구가 모여서 이야기도 했다. 나중에 보니 친한 친구 한 명이 사라졌다. 친구에게 연락해서 어디 갔냐고 했다. 본인은 몸이 안 좋아서 먼저 간다고 했다. 나는 그런 줄 알았다. 나중에 들어보니 그 친구는 많은 친구와 있는 상황이 불편했다고 했다.

나는 그래서 그 친구를 만날 때는 소수의 인원만 모은다. 그리고 그 친구가 편할 것 같은 친구들만 부른다. 친구가 편해야 자리가 편하고 내가 편하게 분위기를 주도할 수 있기 때문이다. 그리고 친구들의 기분도 중요했기 때문이다. 나의 모임은 항상 밝은 분위기로 시작해서 밝은 분위기로 끝나야 했다. 집에 돌아가서도 그 행복이 남아야 했다. 그래서 친구의 각각의 상황을 맞췄다.

우리는 한 편의 드라마를 찍고 있다. 인생이라는 드라마다. 그 드라마의 주인공은 바로 당신이다. 그 드라마 속에서 카메라는 항상 당신을 담고 있다. 우리는 드라마를 보며 드라마 속 주인공이 행복하길 바란다. 당신도 주인공이다. 당신 인생의 드라마 속 주인공. 당신도 당신이 행복하길 바라야 한다.

행복의 주인공은 바로 나 자신이다. 행복에 내가 빠져 있다면 진정한 행복을 느낄 수 없다. 진정한 행복은 내면에서 나온다. 주변의 분위기와 주변의 상황에 휘둘리는 행복은 잠시뿐이다. 오래 지속되는 행복은 결국 내 속 안에 있다. 인생이라는 긴 드라마 속에서 진정한 행복을 찾아 떠나는 주인공이 되자. 그 주인공은 바로 나 자신이다.

04

이제 당신이 행복할 때이다

나는 항상 주변의 눈치를 많이 봤다. 그래서 그런지 어릴 때부터 눈치가 빠르다는 소리를 많이 들었다. 그만큼 피곤하게 살았다. 어떤 말을 하고 주위 사람들의 시선을 살피는 게 버릇이었다.

덕분에 주위 사람들은 편했다. 본인들이 원하는 걸 할 수 있었기 때문이다. 나는 배달 음식을 시킬 때도 상대방 의견이 중요했다. 내가 먹고 싶은 건 이미 정해져 있었다. 그걸 시키자는 이야기를 하는 것보다는 다른 메뉴를 추천해주는 게 마음 편했다. 그렇게 메뉴 몇 개 추천해주다가 상대방이 먹고 싶은 메뉴로 정했다.

여행을 가도 마찬가지였다. 나는 여행에 시골 같은 분위기를 좋아했다. 마음이 평온해지는 기분이 좋았다. 가만히 있어도 편안해지는 그 기분. 그 기분이 좋아서 여행을 다닌다. 그래서 바다를 보거나 경치를 보는 여행을 좋아한다. 다음으로 좋아하는 여행은 물놀이이다. 물놀이는 어딜 가나 재미있다. 전생에 내가 강아지였나 싶을 정도로 물놀이를 좋아한다.

나는 먹는 거나 여행 가는 거나 모든 걸 좋아해서 상대방에게 맞춰줬다. 그렇게 맞춰주면서 자신을 속이고 있었다. '나는 다 잘 먹으니까 이것도 맛있고 저것도 맛있어.'라면서. 가족들과 저녁을 먹어도 나는 항상 "다 좋아!!!"라고 의견을 숨겼다.

최근에 책을 읽었다. 『누구나 가는 길은 정답이 아니다』에서 "이기적으로 살아야 합니다."라는 부분이 있었다. 착한 사람이 되면 안 된다고 했다. 사람은 이기적이기 때문에, 본인이 원하는 걸 말하면서 살아야 한다고 했다.

나는 책을 읽으면서 고개를 끄덕였다. 세상의 중심은 난데 내가 빠져 있는 느낌이었다. 나의 의견을 조금 더 표현할 줄 알아야 했다. 그게 못된 게 아니다. 사람들도 모두 자기가 원하는 것은 표현하며 산다. 나만 참고 사는 것이다. 그렇게 참고 살아서 얻는 게 없다.

예전에 하던 연애에서도 이런 경향이 나타났다. 연애에서는 갑을 관계가 없다고 하지만 나는 보이지 않는 을의 입장이었다. 나의 의견은 항상 뒤였다. 상대방이 좋아하는 쪽으로만 먼저 맞춰줬다. 상대방이 해달라고 하면 다 해줬다. 피곤한 몸을 이끌고 왕복 4시간 거리를 매일 데려다준 적도 있었다. 100일 동안 살이 3킬로가 빠지는 경험을 했다. 최고의 다이어트였다.

그렇게 맞춰주다 보니 내가 지치면 헤어지는 연애의 반복이었다. 상대방 입장에서는 항상 맞춰주는 게 당연했다. 그러다가 내가 맞춰주지 않기 시작하면 내가 변한 게 되었다. 나는 깨달았다. 처음부터 상대방에게 전부를 맞춰주면 안 됐다. 물론 이렇게 맞춰주고 지쳐서 헤어지면 나는 미련은 없었다. 정말 더는 잘할 수 없을 만큼 한 뒤에 포기했기에.

나는 세상의 중심을 나로 두기로 마음먹었다. 내가 원하는 걸 말하면서 지냈다. 상대방의 눈치를 보는 건 쉽게 나아지진 않았다. 하지만 나는 행복했다. 내가 먹고 싶은 걸 먹었다. 내가 하고 싶은 걸 하면서 지냈다. 그랬더니 나의 행복감은 올라갔다. 그렇다고 상대방이 싫어하는 걸 먹거나, 하진 않았다. 단지 나의 의견을 잘 내기로 마음먹었다.

'오늘 나는 이거 먹고 싶어!'라고. 친구가 싫어하면 그다음 먹고 싶은 걸 말했다. 그렇게 3개의 후보지 안에서 골랐다. 그러다 보니 무엇을 시켜도 나는 행복했다. 다 내가 먹고 싶은 음식만 추천해줬기 때문이다.

어느 날 페이스북에 글이 올라왔었다. 몇 번씩 봤던 글이다. 사실인지 허구인지는 모르겠다. 나의 기억에서 글의 내용은 이러했다. 부모님이 자식을 버렸다. 첫째인 오빠는 동생들의 학교를 위해 막노동을 하며 동생들을 모두 좋은 대학에 보냈다. 여동생 두 명을 예쁘게 키웠다. 이제 본인도 공부해서 좋은 대학에 가려고 했다. 동생들에게 배우기 시작했다. 그러다가 몸이 아프기 시작해서 검사를 받았다. 검사 결과는 암이었다. 초기 암도 아니고 진행이 많이 된 암이었다. 이제 동생들을 모두 키우고 본인의 행복을 위해 살려고 했는데 하늘이 데려갔다. 덤덤하게 글을 써놔서 더 슬펐다.

하늘은 항상 천사를 먼저 데려간다. 그렇게 열심히 동생들을 키웠는데, 이젠 하늘이 올라오라고 했다. 마치 동생 두 명을 키우는 업보를 준 것처럼. 마지막에는 의사가 몇 달 남았다는데 "나 어떻게 하냐?"라면서 글은 끝이 났던 걸로 기억한다.

남의 행복을 위해 사는 것이 행복인 사람들도 있다. 이 친구도 분명 어느 정도는 본인의 행복이었을 것이다. 동생들이 커가는 모습, 원하는 대학에 들어가는 모습을 보며 만족했을 것이다. 하지만 마지막까지 본인의 행복을 지키진 못했다.

이 글은 나의 극단적인 예시 같았다. 지금 당장 죽진 않겠지만 나중에 마지막까지 남들을 위해 희생할 것 같았다. 묘비명도 '남들을 위해 희생하다 묻힘'이라고 쓰일 것 같았다. 끝까지 타인 중심의 삶이 될 것 같았다.

내 친구 중 가장 행복해 보이는 친구가 있었다. 그 친구는 항상 본인이 좋고 싫음이 확실한 친구였다. 그래서 친구들도 편했다. 친구들은 그 친구가 싫어하는 것은 안 해도 됐다. 그리고 서로 좋아하는 쪽으로 의견을 맞추기도 편했다.

나도 내가 좋고 싫음을 확실하게 표현하기로 했다. 친구들 입장에서도 편하다. 그리고 나중에 속으로 딴소리를 안 하게 된다. 변하니까 친구들이 먼저 놀랐다. 이건 싫어하는 줄 몰랐다면서. 그렇게 조금씩 세상의 중심이 내가 되어가고 있었다. 친구들과도 의견을 맞춰가고 있다.

나는 이러한 성향이 어머니를 닮았던 것 같다. 어머니는 항상 희생하셨다. 좋은 게 있으면 본인은 배부르다고 아버지와 동생에게, 그리고 나에게 나눠줬다. 나도 배부르다고 하면서 안 먹었다. 맛있는 음식을 두고도 주변 반찬들로 먼저 배를 채우셨다. 맛있는 음식은 다른 가족들이 먹으라고.

나와 어머니의 성향은 엄청 비슷했다. 반대로 동생과 아버지의 성향도 비슷했다. 둘은 본인이 원하는 걸 하면서 살아가는 체질이었다. 나와 어머니는 반대로 맞춰주는 체질이었다.

요즘은 동생이 맞춰준다. 내가 카페인을 잘 안 먹어서 카페도 디카페인 음료가 있는 카페로 가려고 한다. 아이스크림을 먹으면 얼굴에 뭐가 난다고 가끔 말했다. 요즘은 아이스크림도 잘 안 시켜 먹는다. 내가 나쁜 사람이 된 것 같다. 하지만 나는 아이스크림을 시켜도 나만 먹지 않는다. 같이 카페에 가서도 다른 음료를 먹으면 돼서 괜찮다고 했다.

제일 달라진 건 친구들과의 만남이다. 예전에는 좋든 싫든 일단 다 같이 모이는 자리는 나가려고 애썼다. 요즘에는 컨디션에 따라 조절한다. 그리고 나가더라도 다음 날을 위해 나는 1차까지만 갔다가 분위기 봐서 슬쩍 나온다.

친구들과의 만남은 매번 좋아했다. 하지만 나는 나의 일상을 깨는 걸 별로 좋아하지 않았다. 친구들과 술을 먹게 되면 늦게까지 먹었다. 그러다 보면 다음 날 나의 일상에 지장이 생겼다. 그래서 요즘 같은 거리두기를 나는 환영했다. 아무리 빨리 만나도 9시면 헤어지고 10시면 헤어져야 했다. 나에겐 너무나 행복한 시간이었다.

심지어 친구들과의 모임만 일찍 끝나는 게 아니었다. 회식해도 다른 모임을 가도 모두 일찍 끝났다. 많은 사람에게 거리두기는 불편한 존재였다. 그런데 나에게 거리두기는 행복을 가져다줬다.

이제는 세상을 보는 초점을 바꿔야 한다. 남에게 가 있는 시선을 나를 봐야 한다. 이제는 내가 행복할 때이다. 앞으로는 나의 행복을 팔아서 남의 행복을 주는 것을 참아야 한다. 그동안 그렇게 행복하게 해줬으면 이제는 나의 행복을 찾아도 된다.

나를 희생해가며 남을 위해 베푸는 성인들이 있다. 그런 사람들은 세상에 정말 몇 분 안 계신다. 다들 이기적으로 산다. 본인의 행복이 먼저

다. 나는 항상 주변에 물어본다. “정말 네가 원하는 거 맞아? 나는 내가 원하는 거 맞아!” 친구 중에도 나 같이 맞춰주는 사람이 있을까 봐 몇 번 확인한다. 그런 친구들도 이제는 세상의 중심을 본인에게 두기를 바라면서.

나는 이제 당신이 행복할 때라고 말하고 싶다. 더는 주변의 눈치를 보지 말고. 내가 원하는 거 하면서 사는 삶. 세상의 주인공이 나인 삶. 그런 삶을 살았으면 좋겠다.

05

10년 후 나의 모습을 상상하라

“어제와 똑같이 살면서 다른 미래를 기대하는 것은 정신병 초기 증세이다.” 이 말은 아인슈타인이 한 명언이다. 어제와 똑같이 살지 않으려면 목표가 있어야 한다. 어제와 다른 오늘을 살아야 한다. 목표를 세우기 위해서는 먼 미래의 목표부터 세우는 게 좋다.

미래의 나는 무엇을 하고 있을까? 지금 당장 그리긴 어렵다. 나는 미래에 강연가가 되고 싶다는 목표를 세웠다. 강연하러 다니기 위해서는 필요한 게 있다. 나눠줄 지식과 강연가의 권위가 필요했다. 권위를 갖기 가장 좋은 방법은 책을 쓰는 것이다.

미래의 꿈을 이루기 위해 나는 목표를 잘게 나눴다. 올해 초에 1년 목표를 세웠다. 목표를 세우기 어렵다면 다들 새해에 목표를 찾아보자. 지금 얼마나 이뤘는지 알 수 있다. 올해의 목표를 보며 어제와 똑같이 살지 말자고 다짐하자. 아직 많이 못 이뤘으면 다행이다. 아직도 올해는 시간이 많다.

내 생각에 강연을 하기 위해서는 나만의 책이 필요했다. 나는 올해의 목표로 책을 쓰기로 했다. 책을 쓰기 위해 관련 도서 5권을 읽었다. 그리고 책 쓰기를 도와주는 〈한국책쓰기강사양성협회〉(이하 한책협)에 가입했다. 〈한책협〉에서 책 쓰기 목표를 이룰 수 있게 도와주는 김도사님을 만났다.

목표를 이루기 위해서는 올바른 코치를 만나는 게 중요하다. 방향이 맞지 않으면 아무리 속도를 내도 어렵기 때문이다. 나는 미래의 목표를 위해 책을 쓰고 있다. 책을 쓰면서 많은 공부가 되었다. 나의 주제에 대해 더 많이 알게 되었다. 책이 출판되면 책의 주제로 강연을 기획해도 된다.

목표를 잘게 나누는 방법이 있다. 먼저 1년 계획을 달성할 수 있도록 12로 나눠서 월간 계획을 세운다. 월간 계획을 다시 한 번 잘게 나눠서 주간 계획으로 만든다. 주간 계획을 달성하기 위해 일간 계획을 짠다. 계획이 모두 완성되면 실천만 하면 된다. 계획이 완성되면 삶의 동기 부여가 된다. 그렇게 시키지 않아도 열정이 생긴다.

나는 책 쓰기의 목표를 정하고 하루에 얼마나 쓸지 정했다. 그러다 보니 퇴근 후에는 쓰지 못하는 날이 많았다. 그래서 아침에 일찍 일어나기로 정했다. 저녁에 조금 일찍 자고 나의 아침은 4시 30분부터 시작되었다. 그렇게 아침에 글을 쓰다 보니 하루 계획을 달성할 수 있었다.

하루의 계획을 달성하면 계획을 지워보자. 달성한 계획을 지울 때의 행복감은 말로 표현할 수가 없다. 달성한 계획을 지우면서 미래의 나를 상상해보자. 상상을 생생하게 하기 위해 감정을 넣어보자. 그렇게 내일의 계획도 지우다 보면 지금과 다른 미래를 기대할 수 있다.

나는 현재 생산직 업무를 하고 있다. 생산직에 다니면서 매일 현실과 타협했다. 회사를 다니면서 막연하게 '나도 회사에서 인정받고 성공해야지.'라고 생각했다. 어제와 같은 하루를 보내면서 1년이 지나도 변한 게 없었다. 나는 그대로였다. 갑자기 무서웠다. 정신병 초기 증상이었다. 어제와 똑같이 살면서 다른 미래를 바라고 있었으니….

그래서 자기 계발을 하기 시작했다. 나도 달라지고 싶었다. 회사를 다니면서 자격증을 따고 영어 공부도 했다. 미래를 생각해봤다. 내가 원하던 삶인지 궁금했다. 회사에서 스펙을 열심히 올려도 내가 좋아하는 일을 하며 살 것 같지 않았다. 나의 미래가 잘 그려지지 않았다. 이런 회사 생활을 계속해도 인정받고 성공할 수 없을 것 같았다.

다른 미래가 필요했다. 이런 자기 계발은 나에게 도움이 되지 않았다. 그리고 결정적으로 자기 계발을 하면서도 동기 부여가 항상 필요했다. 마음속에서 우러나오는 동기 부여가 되지 않았다. 나는 자신과 대화했다. '내가 진짜 원하는 게 뭘까? 미래에 내가 무엇을 하면 행복할까?'라고.

그렇게 얻은 답이 강연가였다. 강연가라는 목표를 확실하게 세우니 미래가 상상이 되었다. 강연하고 있는 내 모습을 상상했다. 그 속에서 나는 즐거웠고 행복했다. 그렇게 감정을 넣은 상상이 계속됐다.

내 책을 가지고 사람들에게 행복을 나눠주고 싶다. 세상에 행복한 사람이 많았으면 좋겠다. 그래서 행복에 대한 주제로 책을 썼다. 나는 사람들에게 내일이 기다려진다는 말을 듣고 싶다. 오늘 하루도 아침부터 설렌다는 말을 듣고 싶다. 나는 요즘 아침부터 설레며 일어난다. 내가 하고 싶은 일을 하며 지내는 삶이 행복하다. 미래의 목표를 향해 달려가는 내 모습이 멋지다.

최종 목적지로 가는 길은 여러 가지다. 실패는 내가 정말로 포기했을 때 하는 것이다. 목적지로 가는 과정 중에는 방향이 잘못될 수도 있다. 다시 방향을 잡고 목적지로 한 발짝씩 나아가면 된다.

나의 10대와 20대는 평범했다. '중간만 하자'가 나의 신념이었다. 학교 생활 하면서 중간만 했다. 대학교 시절에 모두가 취업해서 나도 취업을 할 수 있었다. 그래서 어딜 가나 평범했다. 미래에도 남들과 같이 평범하게 살 것 같았다. 그러다가 29세, 아홉수가 왔다. 나는 갑자기 30세라는 나이의 무게가 무겁게 느껴졌다. 앞으로도 평범하게 남들과 살면 이 무게를 견딜 수 없을 것 같았다. 그래서 미래를 그리기 시작했다.

나의 미래는 지금과 달라야 했다. 앞으로는 중간만 하면 안 된다. 혼자 살면 더없이 행복한 삶을 살 수 있는 현재였다. 하지만 나는 결혼도 하고 싶고, 나를 닮은 아이도 갖고 싶었다. 지금부터 준비하면 10년 후의 나는 바뀔 수 있을 것 같았다. 정신병이 나아가고 있다.

어제와 같은 삶을 살지 않으려고 노력했다. '어제보다 나는 더 성장했다.'가 나의 신념으로 바뀌었다. 매일매일 성장하려고 노력하다 보니 달라진 미래가 그려졌다. 책 쓰기를 시작으로 강연가가 되기 위해 또 다른 계획을 세운다. 매일 성장하다 보니 강연가의 삶이 생생해졌다. 내가 행복을 주제로 강연을 다니고 있었다. 꿈에서도 강연을 하고 있다.

아버지께서 매번 해주신 말씀이 있었다. "지금으로부터 1년 뒤에 무엇을 하고 있을지 생각해야 한다." 아버지께서는 군대에서 깨달았다고 한다. 근무를 서시면서 1년 뒤에 뭐하고 있을까 생각하셨다. 물론 그 당시 군대는 30개월이었다. 1년 뒤에도 근무를 하고 있을 거라고 생각하니 끔찍했다고 하셨다.

우리는 1년 뒤에 근무를 하고 있지 않다. 우리는 1년 뒤를 생각해볼 수 있다. 나는 그 말을 듣고 처음에는 생각을 잘 못했다. 당장 1년 뒤에는 똑같이 회사 일을 하고 있을 것 같다는 생각이 들었다. 그래서 더 미래를 생각해보려고 했다. 1년이 아닌 10년 뒤를 생각해봤다. 그러자 목표가 생겼다. 내가 무엇을 해야 이룰 수 있는지 계획이 생겼다. 그렇게 마음속에서 끓어오르는 동기가 생겼다.

지금 당장 10년 후의 나를 그려보자. 당장은 잘 그려지지 않을 수도 있다. 나와 대화하면서 미래의 모습을 상상해보자. 내가 진짜 원하는 꿈이 무엇인지. 10년 후에 내가 무엇을 하고 있으면 행복할지 상상해보자.

10년 후의 나를 그렸으면 그 목표를 달성하기 위해 계획을 짜면 된다. 5년, 1년 짧게 계획을 짜다 보면 하루의 계획을 세울 수 있다. 10년 후의 나를 생각하며 짠 계획은 나를 설레게 한다. 매일 나에게 일어날 기쁨을 준다. 오늘 할 일을 끝냈을 땐 엄청난 행복을 준다.

그렇게 매일매일 행복하면 된다. 10년 후를 상상하며 한 걸음씩 행복하다 보면 10년보다 더 빨리 목적지에 달성할 수도 있다. 그렇게 행복한 인생을 계획해야 한다. 행복은 본인이 계획할 수 있다. 단지 미래의 나를 상상하는 것만으로도 행복하다.

06

당신은 행복하기 위해 태어난 사람

"당신은 사랑받기 위해 태어난 사람 당신의 삶 속에서 그 사랑 받고 있지요."

– 이수영, 〈당신은 사랑받기 위해 태어난 사람〉

살면서 이 노래를 한 번쯤은 들어봤을 것 같다. 이 노래는 가사만 불러도 멜로디가 생각이 난다.

이 노래를 듣고 있으면 태어난 이유가 사랑받기 위해서인 것만 같다. 태어나자마자 부모님은 미역국을 드시며 좋아하셨을 것이다. 그리고 나를 사랑으로 키워주셨다. 나는 부모님 중 어머니의 사랑을 많이 받았던 것 같다. 성인이 된 동생은 어머니에게 "오빠만 예뻐했잖아."라고 할 정도였으니.

나는 반찬 투정이 없었다. 어딜 가나 사랑받는 이유이기도 하다. 나는 맛있는 음식 하나만 나와도 밥을 잘 먹었다. 내가 정말 못 먹는 음식만 나온 경우에는 얘기가 좀 다르지만. 어릴 때는 해파리냉채를 못 먹었다. 그래서 해파리냉채 나온 날은 밥을 남기기도 했다. 요즘에는 어릴 때 왜 못 먹었나 싶다. 나이가 들면 입맛이 바뀌는 것 같다.

친구네 가서 밥을 먹을 때도 항상 어머니가 예뻐해주셨다. 우리 어머니랑 또 다른 맛이 나서 모든 음식을 맛있게 먹었다. 나는 항상 밥 먹을 때 복스럽게 먹는다는 소리를 많이 들으면서 컸다. 음식을 맛있게 먹기 때문에 들었던 것 같다. 모든 음식에 감사한 마음을 갖고 먹는다.

어릴 때는 군것질을 좋아하지 않았다. 우리 집에 과자가 선물로 많이 들어왔다. 나도 동생도 과자를 좋아하지 않았다. 그래서 과자는 항상 버려졌다. 인스턴트 음식도 많이 먹지 않았다. 그래서 햄버거를 많이 먹어보지 않았다. 그나마 내가 좋아하는 햄버거는 김치버거였다. 아래, 위로 있는 빵 대신 김치볶음밥이 들어가 있었다. 그 안에 치즈와 섞여서 치즈 김치볶음밥을 먹는 기분이었다. 어릴 때 너무 좋아했는데 어느 순간 사라져서 햄버거를 또 한동안 안 먹었다.

햄버거를 좋아하지 않았던 이유는 또 있다. 어릴 때 어머니가 햄버거를 시켜주셨다. 어머니는 옆에 병원에 잠깐 갔다 온다고 하고 가셨다. 그렇게 혼자 햄버거를 먹고 있었다. 옆에 어떤 사람들이 "혼자 햄버거 먹네."라고 말하는 걸 들었다. 어린 내가 듣기에 마치 "부모님이 안 계신 아이인가?"라고 말하는 소리로 들렸다. 순간 나는 너무 창피했다. 햄버거를 엄청나게 빨리 먹고 어머니를 찾으러 갔다. 나는 속상해서 막 울었다.

초등학교 3학년 때 나는 생일 파티를 처음으로 친구들과 했다. 생일 파티 장소는 롯데리아였다. 친구들은 햄버거도 시키고 양념 감자도 시켰다. 나는 그때 처음으로 양념 감자를 봤다. 어머니도 처음 보셨다. 그래서 어머니께서는 우리가 먹던 대로 감자를 중앙에 다 쏟았다. 그때 친구 한 명이 그랬다. "양념 감자는 그렇게 먹는 거 아니에요!!!" 나와 어머니는 깜짝 놀랐다. 친구가 감자를 다시 넣고 소스를 넣고 막 흔들었다. 그렇게 양념 감자를 처음 먹었다. 그냥 먹는 감자튀김보다 훨씬 맛있었다. 친구들과 행복한 생일 파티를 하면서 양념 감자에 대해 배웠다. 친구들의 축하 속에서 나는 주인공이 돼서 기뻤다.

그렇게 매년 같은 반 친구들과 생일 파티를 했다. 중학교 때는 돈가스집에서 생일 파티를 했다. 돈가스집에서 한다고 하니까 우리 반에 절반이 참석했다. 부모님은 돈가스 때문에 친구들이 온 걸 모르셨다. 내가 인기가 엄청 많은 줄 아셨다. 친구들에게 축하를 받고 생일 노래도 불렀다. 부모님은 엄청 많은 친구 속에 있는 나를 자랑스러워하셨다. 그때 이후로는 나는 생일 파티를 작게 했다. 진짜 친한 친구들만 불러서 했다.

언제나 생일 축하를 받는 건 행복하다. 생일인 사람은 누구나 엄청 행복하다. 여기저기서 축하 메시지와 카카오톡 기프티콘이 엄청나게 날아온다. 우리는 우리가 태어난 날 가장 많은 축하를 받는다. 마치 축하받기 위해 태어난 사람처럼. 축하를 받다 보면 뜬금없는 메시지가 오기도 한다. 그땐 미소가 절로 지어진다. 이렇게 태어난 날은 행복이 찾아온다. 마치 행복하기 위해 태어난 사람처럼.

친구 중에 가장 빨리 결혼한 친구가 있다. 친구를 보면서 나도 빨리 결혼하고 싶었다. 친구 결혼식에서 가장 친한 친구가 사회를 봤다. 친구는 마지막에 코끼리 코 열 바퀴를 시켰다. 친구는 운동이 부족했는지 휘청거리더니 쓰러졌다. 그때 사회자는 "남자구실 못할 친구네요."라고 말하며 참석자 모두를 웃음 짓게 했다.

친구는 딸도 두 명이나 있는 아빠가 됐다. 정말 행복해 보인다. 친구는 딸 사진을 보는 순간은 행복해 보였다. 그래서 나는 그 친구에게 "너는 언제가 가장 행복했어?"라고 물어봤다. 정말 1초의 망설임도 없이 "딸이 태어났을 때."라고 대답했다. 그리고 흐뭇해하는 친구의 표정을 보았다.

친구를 보니 나도 나중에 나를 닮은 아기를 갖고 싶었다. 친구의 행복한 표정을 보니까 나도 빨리 아기를 갖고 싶었다. 나의 꿈은 아기를 빨리 키워놓고 나이 들어선 다 큰 자식을 두고 여행 다니는 것이다. 친구의 아기는 벌써 초등학교에 들어갔다. 친구는 나의 꿈을 벌써 실천하고 있었다. 우리가 한창 아이 키울 때 그 친구는 아마 놀고 있을 것 같다.

나는 친구와 대화 후에 느꼈다. '부모님은 자기 자식이 태어났을 때가 가장 행복하구나.'라고. 나도 우리 부모님께 내가 태어난 날은 가장 행복한 순간일 것이다.

부모님의 사랑은 평생 갚아도 못 갚는다고 했다. 나를 키워주시고 나에게 모든 사랑을 베풀어주셨으니 당연하다. 고등학교를 졸업하면 이제 부모님과 있는 시간은 평생의 93%를 썼다고 한다. 이제 앞으로 부모님과 함께 보낼 시간은 7%가 남았다고 한다.

생각해보니까 맞는 말이다. 고등학교 때까지는 부모님과 함께 살면서 계속 같이 있었다. 고등학교를 졸업하고 군대를 갔다 왔다. 대학교에 가고 나서는 부모님과 함께 보내는 시간이 점점 줄었다. 취업하고 나서는 더 부모님과 함께 시간을 보내지 못했다.

나는 그래서 자주 부모님에게 전화를 드린다. 가끔 생각나서 전화했다고 한다. 어머니는 엄청 좋아하신다. 가끔 얼굴이 보고 싶으면 영상통화도 한다. 영상통화에 어머니 모습이 나오면 가끔 짠해진다. '우리 엄마 언제 이렇게 늙으셨지?'라는 생각이 가끔 든다.

노래를 다시 생각해보면 당신은 사랑받기 위해 태어난 사람이다. 모든 사람은 사랑받기 위해 태어났다. 사랑받으면 행복한 기분이 든다. 그래서 다른 말로 하면 당신은 행복하기 위해 태어난 사람이다.

나도 행복하기 위해 태어났다. 부모님의 사랑을 받고 행복하게 자랐다. 부모님의 사랑뿐만 아니라 나는 외할머니의 사랑도 독차지했다. 외할머니에게 첫 손주가 나였기 때문이다. 할머니 댁에 가면 아직도 나의 어릴 때 사진이 정말 크게 걸려 있다. 아기 때 사진은 엄청 귀여웠다.

우리는 모두 사랑받기 위해 태어났고, 행복하기 위해 태어났다. 지금도 그 사랑받고 있고 지금도 행복을 이루고 있다. 생일 때 케이크의 초를 불면 그렇게 행복할 수가 없었다. 나는 케이크를 안 좋아한다. 그러나 케이크의 초를 부는 것은 엄청 좋아했다. 어릴 때 어머니와 아버지의 케이크 초도 내가 다 불었다고 했다.

생일 때 케이크를 받으면 사랑받는 느낌이 들었다. 나의 생일날이 되면 선물도 기대가 됐다. 하지만 어머니와 아버지가 생일 축하하며 사랑한다고 말해주셨을 때는 너무 행복했다. 사랑받는 기분은 언제나 좋다. 누구에게 사랑을 받느냐도 중요하다. 내가 싫어하는 사람이 나를 사랑한다며 따라오는 건 끔찍하기 때문이다.

"당신은 행복하기 위해 태어난 사람이다. 그래서 당신의 삶 속에서 행복해야 한다."

07

나는 모두가 행복했으면 좋겠습니다

자신의 행복감을 고조시키는 가장 쉬운 방법이 있다. 다른 사람의 행복을 빌어주는 방법이다. 이미 많은 연구에서 친절한 생각을 하는 것 자체가 보상이 된다는 것을 증명해준다.

차드 멩 탄은 구글의 창업 공신이다. 그는 훈련을 통해 기쁨을 얻을 수 있다고 한다. 그는 공개 강연을 할 때 '10초 수련법'을 사람들에게 알려준다. 강연장에서 두 명을 선택해 앞으로 불러낸다. 강연장에 모든 사람에게 이 두 사람이 행복해지기를 딱 10초만 진심으로 기원하라고 한다. 행복을 빌었던 모든 사람의 입가에 미소가 번진다. 10초 전보다 행복을 경험한다.

이 수련의 핵심은 사랑과 친절에서 나오는 기쁨을 경험하는 것이다. 짧은 시간과 노력으로 행복을 경험할 수 있다.

남의 행복을 빌어주는 것만으로도 나의 행복이 찾아온다. 10초 수련법은 무작위로 선택한 사람의 행복을 빌어줘도 된다. 출근길이 싫은 사람이 있다면, 출근길에 지나가는 사람의 행복을 빌어주며 출근해보자. 그렇게 자신의 행복을 찾아보자.

나는 새로운 사람을 만나면 속으로 기도한다. '내 앞에 계신 분의 행복을 진심으로 기원합니다.'라고. 이렇게 시작하면 나의 입가에 미소가 번진다. 그렇게 조금 더 부드럽게 첫 만남을 시작할 수 있다.

이렇게 간단한 방법으로 남이 행복해질 것이다. 그리고 본인도 행복해진다. 10초만 투자하면 행복이 찾아온다. 도전해보지 않을 이유가 없다. 차드 멩 탄이 쓴 『기쁨에 접속하라』에는 "기쁨은 성공을 불러온다. 기쁨은 행복을 낳고, 행복은 성공을 불러온다. 성공하고 싶다면 행복해지는 법을 먼저 배우라."라는 말이 나온다.

우리는 10초 수련법을 통해서 간단하게 행복해지는 법을 배웠다. 성공에 한 발 다가갈 수 있다. 행복해지면서 성공을 불러오는 중이다. 지금은 힘들 수 있다. 하지만 부정적인 생각은 부정적인 환경을 불러온다. 긍정적인 생각으로 환경을 바꿔야 한다. 남의 행복을 빌고 긍정적인 분위기로 환경을 바꿔보자.

문제를 해결하기 가장 좋은 방법이 있다. 마음가짐을 바꾸는 방법이다. 쉽게 말해서 일단 된다고 생각하는 것이다. 일단 된다고 생각하면 끊임없이 생각하게 된다. 무의식중에서도 생각한다. 그렇게 문제 해결 방법이 생각난다.

마음가짐만 바꿔도 실제 문제 해결 할 좋은 방법이 떠오른다. 지금 당장 떠오르진 않을 수 있다. 본인은 무의식 중에도 생각한다. 뇌는 시도 때도 없이 생각할 것이다. 그러다가 갑자기 방법을 줄 것이다. 물론 오래 걸릴 수도 있다. 하지만 결국 해결 방법을 준다.

일단 된다고 생각하는 것 자체가 행동에 큰 영향을 미친다. 무언가를 보거나 생각하거나 행동할 때 무의식은 문제에 연결해본다. 내가 생각하지 않아도 뇌는 혼자 문제 해결하기 위한 답을 찾고 있다. 내가 몸을 편하게 휴식하다 보면 갑자기 답이 나타난다.

새해 첫날, 명절, 크리스마스는 모두가 좋아하는 날이다. 그 전날부터 기분이 들뜬다. 크리스마스이브에 그렇게 많은 약속이 생기는 이유다. 많은 사람이 만난다.

어릴 때는 크리스마스에 선물을 받기 위해 양말을 걸어두고 잤다. 부모님께서는 우리가 원하는 선물을 양말 곁에 놓아주셨다. 그때는 산타 할아버지가 정말로 있다고 믿고 잤다. 나는 내가 자는 동안 다녀간다고 믿었다. 유치원에서 남자 선생님이 산타로 변하는 모습을 보기 전까지는. 우리는 마음속에 산타가 있다. 자신에게 선물을 줄 수 있다. 나의 행복을 위해 기꺼이 산타 할아버지가 될 수 있다.

무언가 목표를 세웠다면 기간을 정해보자. 그 기간 안에 목표를 달성하면 나에게 줄 선물도 정해보자. 일의 효율이 오를 것이다. 그 선물만 생각하면 행복할 것이다. 그렇게 우리는 목표를 향해 달려갈 이유가 하나 더 생긴다.

많은 사람이 행복해하는 날은 주변이 다 행복해 보인다. 특히 설날에는 집 밖으로 나가면 분위기가 따뜻하다. 할머니, 할아버지를 찾아온 반가운 손님들도 있다. 가족들이 삼삼오오 모여서 못 했던 이야기도 한다. 오랜만에 본 반가운 얼굴들도 있다. 이런 날은 주변이 행복으로 물든다. 행복이 행복을 불러오는 느낌을 가장 크게 느낀다.

어릴 때는 설날이 용돈을 받아서 좋았다. 지금은 용돈을 주는 처지긴 하지만 좋다. 오랜만에 보는 가족들과 점심, 저녁 식사를 한다. 못 했던 이야기를 하면서 기쁨을 나눈다. 새해에 이뤘으면 하는 일들을 이야기한다. 바라는 일들이 이루어지길 빌어준다. 서로 덕담을 나누며 행복해지는 날이다.

나는 1년에 한두 번씩 가족 여행을 간다. 성인이 되고 난 이후에는 바쁘다는 핑계로 가족들과 보낼 시간이 많이 없다. 정말 자식들이 성인이 되면 부모님과 보낼 시간 중 7% 남았다는 말이 와닿는다. 의식적으로 시간을 내지 않으면 함께할 시간이 점점 사라진다.

그렇게 가족 여행을 가서 맛있는 것을 먹는다. 나에게는 먹는 게 가장 큰 행복이다. 가족 여행은 항상 아침에 출발해서 점심에 도착한다. 점심을 먹으며 시작한다. 그래서 나는 항상 행복하게 여행을 시작한다.

우리 가족은 여행의 일정을 빡빡하게 잡지 않는다. 목적지를 정하고 그 주변 맛집을 먼저 정한다. 그리고 가볼 곳을 두 곳, 많게는 세 곳 정도 정해서 가본다. 가서 사진 찍고 편안하게 놀다 온다. 가족들과 함께 있는 시간을 즐기기 위한 여행이다. 많은 장소에 가려고 압박을 받지 않는다. 시간이 되지 않으면 다른 날에 또 오면 된다.

시간이 많지 않으면 당일치기 여행도 간다. 가까운 곳으로 간다. 가족에게 색다른 경험을 주는 여행을 가는 것이다. 일상에 지친 부모님과 나와 동생은 가서 힐링하고 온다. 그렇게 마음의 안정과 평화를 찾고 온다.

새로운 장소에 가서 행복한 사람들과 함께하는 시간은 색다르다. 나는 주변 사람들에게 행복한 사람들과 여행을 떠나라고 말한다. 일상 속에서 할 수 없는 다양한 경험을 할 수 있다. 그렇게 사람들과 행복을 나눌 수 있다.

사진도 찍고 동영상도 찍으며 그 순간을 기억할 수 있다. 그 순간을 되돌아보는 날에는 그날의 기억이 떠오른다. 마치 전날 여행을 다녀온 기분이다. 사진을 봐도 행복을 느낄 수 있을 정도이다.

꼭 누군가와 가는 여행이 행복한 게 아니다. 혼자 떠나는 여행도 행복하다. 새로운 장소에 가서 나만의 시간을 갖는 것이다. 사회생활을 하다 보면 나와 만나는 시간이 없다. 혼자 여행을 떠나서 나와 만나는 시간을 가져보는 것도 중요하다. 결국 행복은 자신으로부터 시작하기 때문이다.

나는 이 책을 읽는 독자분들이 모두 진심으로 행복하길 기원한다. 모두가 같은 상황을 겪고 있진 않다. 물론 힘든 상황을 겪고 있을 수도 있다. 반드시 그 시기가 지나고 행복이 오길 기원한다. 독자분들께서도 나의 행복, 주변의 행복을 빌어주자. 그렇게 가장 간단하게 본인의 행복을 찾아보자.

바쁘게 돌아가는 세상 속에서 행복을 찾지 못하는 사람이 많다. 우리는 오늘 가장 간단하게 행복을 찾는 방법을 배웠다. '10초 수련법'을 통해서 우리는 행복해질 수 있다. 나는 독자뿐만 아니라 모든 사람의 행복을 빌어준다.

"나는 모두가 행복했으면 좋겠습니다. 진심으로 기원합니다."